Reden zur Hochzeit

Günter Kunz

REDEN ZUR HOCHZEIT

FALKEN
TaschenBuch

Im FALKEN Verlag sind weitere Titel mit Gedichten, Versen
und Ansprachen für jeden Anlaß erschienen.
Sie sind überall erhältlich, wo es Bücher gibt.

Dieses Buch wurde auf chlorfrei gebleichtem
und säurefreiem Papier gedruckt.

Originalausgabe
ISBN 3 635 60282 5

Umschlaggestaltung: Zembsch' Werkstatt, München
Redaktion dieser Ausgabe: Susanne Krebs
Herstellung dieser Ausgabe: Bettina Christ
Titelbild: Bavaria, München/FPG
Gesamtherstellung: Neuwieder Verlagsgesellschaft mbH, Neuwied

817 2635 4453 62

Gliederung

Wir feiern Hochzeit

Mit dem Jawort vor dem Standesbeamten und dem Pfarrer in der Kirche besiegelt ein Brautpaar seinen Entschluß zu einem gemeinsamen Leben. Ein wichtiger Tag. Nicht nur für dieses Paar, sondern auch für seine Umgebung: die Familie, die Freunde, Kollegen und Nachbarn.

Der Tag der Eheschließung, auch grüne Hochzeit genannt, ist ein privater Festtag, der Weihe und Würze nicht zuletzt durch die passende Ansprache erhält. Standesbeamter und Pfarrer entledigen sich der für sie ja sozusagen berufsmäßigen Redeverpflichtung je nach Talent und Temperament mit unterschiedlichem Erfolg.

Wie schön und wichtig ist es aber, wenn auch die Eltern, Geschwister, Verwandte, Freunde und Kollegen ihre Glück- und Segenswünsche in einer kleinen gelungenen Festrede darbringen und so ihre Verbundenheit mit dem Brautpaar ausdrücken können.

Dieses Buch will Ihnen anhand von Musterreden dabei helfen, die richtigen Worte zum Hochzeitstag zu finden. Von der grünen Hochzeit, wo der gemeinsame Lebensweg beginnt, bis zur silbernen Hochzeit, dem Jahrestag einer 25jährigen unverbrüchlichen Gemeinschaft, oder gar dem seltenen Ausnahmetag der Gnadenhochzeit, wo ein solches Bündnis fast ein Dreivierteljahrhundert überdauerte. Der Tag der Eheschließung und jeder Jahrestag als Erinnerung an ein gegenseitig abgelegtes Versprechen sind es wert, durch eine passende Rede hervorgehoben zu werden. Nutzen Sie die Anregungen dieses Buches, ergänzen Sie sie durch private Begebenheiten und persönliche Erfahrungen. Dann wird einer gelungenen Rede zum Hochzeitstag nichts mehr im Wege stehen. Ich wünsche Ihnen dabei viel Erfolg.

Günter Kunz

Einige Tips zum Reden

Nur wenigen Menschen ist es vergönnt, zu jeder Gelegenheit die passenden Worte zu finden. Gelungene Reden aus dem Stegreif gehören zu den seltenen Ausnahmen. Wenn Sie nicht zu diesen Ausnahmetalenten gehören und Ihnen auch nicht – übrigens für sehr viel Geld! – ein Ghostwriter für diese Zwecke zur Verfügung steht, sollten Sie nichts dem Zufall überlassen. Oder einer Eingebung des Augenblicks vertrauen. Bereiten Sie sich gründlich auf Ihre Rede vor. Nur so vermeiden Sie unangenehme Pannen.

Die nachfolgenden Überlegungen sollen Ihnen dabei helfen.

Über das Sammeln von Informationen

Beginnen Sie zunächst einmal mit dem Sammeln von Informationen. Über was wird geredet, wie lange wird geredet, wann wird geredet, und vor wem wird geredet?

»Über was« ist wichtig für die Abgrenzung des Themas. Und dies sollten Sie auch sehr ernst nehmen. Ein Redebeitrag zu einem bestimmten Thema soll nämlich nicht der Beweis dafür sein, daß Sie im Notfall zu allen Fragen zwischen Himmel und Erde Stellung beziehen können. Ihr Publikum möchte ernstgenommen werden.

Fangen Sie also nicht bei Adam und Eva an und enden mehr oder minder atemlos bei den Zukunftsaussichten des Jahres 2000. Das von Ihnen ausgesuchte oder Ihnen übertragene Thema sollte im Hauptteil der Rede überzeugend, deutlich und verständlich dargeboten werden. Alles was zum Thema paßt, gehört folgerichtig ganz hinein oder wird wohlbegründet mit ein paar Sätzen teilweise ausgeklammert.

Die Materialsammlung sollten Sie nicht ausschließlich Ihrem gegenwärtigen Wissens- und Erfahrungsstand überlassen. Forschen Sie nach in Zeitungen, Zeitschriften, Fachliteratur, Nachschlagewerken, fragen Sie auch andere.

Versuchen Sie nicht nur, Ihre eigenen Argumente hieb- und stichfest abzusichern. Beschäftigen Sie sich auch mit den möglichen Gegenargumenten. Ein Pro-Argument kann in Ihren Ausführungen genausogut Verwendung finden wie ein gut widerlegtes Gegenargument. Sie zeigen Ihren Zuhörern damit, daß Sie nicht einseitig oder eingleisig verfahren wollen.

Informationen zu Rand- und Nebengebieten des Redethemas sollten Sie wenigstens bei der Vorbereitung Ihres Beitrages mitberücksichtigen. Das schützt Sie davor, etwas zu vergessen und kann in einer möglichen anschließenden Diskussion eine wertvolle Hilfe sein.

Persönliche Bezüge, Ereignisse und Anekdoten – auch bei Sachthemen – helfen oft, den dargebotenen Redestoff lebendig zu gestalten. Notfalls in der Rückhand behalten, um Pausen zu überbrücken, Zwischenrufe aufzunehmen oder auch zu provozieren oder das Publikum von Zeit zu Zeit einmal aufzurütteln.

Bei der Abgrenzung des Themas und bei der anschließenden Materialsammlung sollten Sie sich Zeit lassen. Das heißt also, fangen Sie so rechtzeitig damit an, daß Sie nicht unter Zeitdruck geraten. Zwischengeschaltete Denkpausen sind einer lebendigen Zusammenstellung und Aufbereitung des Redestoffes sehr viel förderlicher als ein drückender zeitlicher Zugzwang.

Wie lange Sie reden sollen, müssen Sie vorher wissen. Haben Sie selber Einfluß auf die Rededauer, sollten Sie berücksichtigen, daß die menschliche Aufnahme- und Konzentrationsfähigkeit eng begrenzt ist. In 5 Minuten kann man vieles, in 20 Minuten fast alles ausführlich sagen und begründen.

Richten Sie sich bei Ihrer Redevorbereitung also darauf ein, daß Sie Ihren Beitrag in der zur Verfügung stehenden Zeit ohne Weitschweifigkeit, aber auch ohne hektische Eile darbieten können. Sie können Ihre Redezeit voll ausschöpfen, müssen es aber nicht.

Enger sind die Grenzen bei der Zeitüberziehung. Ein paar Minuten nimmt Ihnen keiner übel, wohl aber eine Viertelstunde. Sagen Sie also nie »ich komme jetzt zum Schluß« und reden dann noch 20 Minuten weiter.

Prüfen Sie auch, *wann* Sie reden sollen. Legen Sie die Termine so, daß Sie sie auch psychisch und physisch verkraften können. Ein ausgesprochener Morgenmuffel legt seine Termine also zweckmäßigerweise auf den Nachmittag oder Abend. Einen entspannten Vortrag abends nach einem ganzen Tag voll hektischer Konferenzen, anstrengender Gespräche und harter Auseinandersetzungen zu halten, bringen wohl nur noch ausgesprochene »Konditionswunder« zustande. Hier sollte man sich selbst besser nicht überschätzen.

Vor wem Sie reden sollen oder wollen, ist ebenfalls wichtig für die Redevorbereitung. Ein persönlich vertrauter Kreis kann anders angesprochen werden als ein skeptisches Fachkollegium oder gar ein feindlich gestimmtes, auf Störung bedachtes Auditorium. Wenn Sie vorher wissen, wo Sie »dran sind«, können Sie unliebsamen Überraschungen weit wirkungsvoller begegnen. Haben Sie Störungen zu erwarten, wappnen Sie sich bereits vorher mit möglichen Gegenargumenten. Bleiben Sie sachlich, und heizen Sie die Stimmung nicht noch zusätzlich durch persönliche Angriffe und Unterstellungen an.

Über das Ordnen und Gliedern von Informationen

Ebenso wichtig wie das Sammeln von Material und Informationen ist das Ordnen und Gliedern des Redestoffs.

Die klassische Gliederung einer Rede besteht aus Einleitung, Hauptteil und Schluß.

Die *Einleitung* sollte kurz und schnörkellos zum eigentlichen Thema hinführen. Wie so oft, ist auch hier der erste Eindruck der beste. Das beginnt schon bei der Anrede.

Beginnen Sie freundlich, ohne zu übertreiben. Wollen Sie aus dem angesprochenen Zuhörerkreis eine oder mehrere Persönlichkeiten durch Namensnennung besonders hervorheben, sollten Sie dies behutsam vornehmen. Wenn Sie mit »hochverehrt« und »sehr verehrt« anfangen und schließlich für die übrigen Zuhörer nur noch ein »sehr geehrt« übrig haben oder ein »Meine Damen und Herren«, geben Sie damit eine gefühlsmäßige Abstufung Ihrer eigenen Wertschätzung bekannt, selbst wenn Sie dies »eigentlich« gar nicht so meinen.

Es muß ja auch nicht sein. Ebensowenig wie die weitverbreitete aktive oder passive Titelsucht. Selbst der erworbene Doktorgrad ist zum Beispiel in Deutschland kein Namensbestandteil. Alle Titel sollten Sie – ohne unhöflich zu wirken – mit ein wenig Fingerspitzengefühl nur äußerst behutsam verwenden.

Der *Hauptteil* soll überzeugend, deutlich und verständlich Ihrem Publikum nahebringen, was Sie wissen, meinen, fühlen. Ihre Rede soll ein Stück Ihrer Persönlichkeit darstellen. Wer Sie kennt, soll Sie danach nicht als fremden Menschen ansehen müssen. Wer Sie nicht kennt, sollte die Überzeugung mitnehmen können, einem interessierten und interessanten Menschen begegnet zu sein. Vermeiden Sie also alles, womit Sie Ihre eigene Überzeugungskraft und -fähigkeit in Frage stellen würden.

Geeignete Wortwahl ebenso wie Redestil und -technik helfen Ihnen dabei. Nutzen Sie die Möglichkeiten der deutschen Sprache voll aus. Sie bietet praktisch unbegrenzte Möglichkeiten, auch ohne Fremd- und Modewörter, Übersteigerungen, Phrasen und Verwechslungen auszukommen. Kurze, klare Sätze. Zitate nur dann, wenn sie passen und man sich über ihre tatsächliche Bedeutung und den genauen Sinnzusammenhang zweifelsfrei im klaren ist. Witze nur dann, wenn sie wirklich lustig sind und – vor allem – man sie auch entsprechend wiedergeben kann. Im Zweifelsfalle also immer ohne. Muten Sie der Höflichkeit Ihres Publikums hier nicht allzuviel zu.

Der *Schluß* Ihrer Rede sollte knapp und einprägsam sein. Sie können hier stichwortartig Ihre Thesen noch einmal wiederholen. Wenn Sie erstens, zweitens, drittens ... beginnen sollten, lassen Sie es am besten dann auch dabei. Spätestens bei »vierzehntens« ist die Geduld Ihres Publikums – mit Recht – erschöpft. Mit dem Redeschluß können Sie auch noch einmal aufzurütteln versuchen. Ob Sie dabei »persönlich« werden oder »sachlich« bleiben wollen, bleibt Ihrem Geschmack überlassen.

Wichtig bleibt dabei, daß erkennbar das Ende Ihrer Rede naht. Mitten im Satz aufhören, ohne Betonung, ohne Höhepunkt – in die folgende peinliche Stille vielleicht mit einem zweifelnden »So, das war's...« – ist ebenso fehl am Platz wie das Versprechen »Ich komme nun zum Schluß«, das dann durch weitere langatmige Ausführungen doch sofort wieder gebrochen wird.

Nehmen Sie Ihr Publikum so ernst, wie Sie selbst von ihm genommen werden möchten.

Über den Vortrag einer Rede

Während das Sammeln von Material und Informationen für eine Rede und das Ordnen und Gliedern des Redestoffes vielen noch verhältnismäßig leicht fällt, macht der eigentliche Vortrag – die rhetorische Darbietung – die größten Schwierigkeiten.

Hier gilt: Nur Übung macht den Meister!

Ob man die vielerorts angebotenen Rhetorikkurse besucht oder im eigenen Familien- oder Bekanntenkreis übt, ist dabei eigentlich gar nicht so wichtig. Nur mit viel Üben und Training werden einem die eigenen Hemmschwellen bewußt und auf Dauer auch überwunden.

Wenn Ihr Vortrag ein Stück Ihrer Persönlichkeit wahrhaftig vermitteln soll, genügt es eben nicht, das fertiggestellte Redekonzept einfach vorzulesen. Eine »Schreibe« ist noch lange keine Rede. Ebensowenig ist eine auswendig gelernte Rede eine freie Rede.

Sie können beim Vortrag ruhig ein Manuskript verwenden. Präparieren Sie es aber durch Unterstreichungen, Hinweiszeichen und farbliche Hervorhebungen so, daß Sie durch einen Blickkontakt das Wesentliche erfassen können, den »roten Faden« nicht aus dem Auge verlieren und vortragen können, ohne Wort für Wort und Zeile für Zeile am Papier kleben zu müssen. Das setzt allerdings voraus, daß Sie das fertige Manuskript vorher mehrmals probegesprochen haben. Ob auf Tonband, oder vor dem Spiegel, oder vor einer vertrauten Person Ihrer Umgebung, ist Gefühls- und Gewohnheitssache.

Je öfter Sie den Text memorieren, desto sicherer werden Sie in der Wiedergabe, desto besser trainieren Sie Ihr Gedächtnis. Ein solches Training hat darüber hinaus den Vorzug, daß die zunehmende Textsicherheit entkrampfend wirkt auf Mimik, Gestik und Körpersprache. Diese müssen nämlich mit dem dargebotenen Redetext harmonisch übereinstimmen, sonst werden die Diskrepanzen zwischen Gesagtem und tatsächlich Empfundenem schnell bloßgelegt.

Um es an einem Beispiel zu verdeutlichen: Zustimmende Worte bei gleichzeitiger skeptischer Mimik und ablehnender Gestik verraten dem aufmerksamen Zuhörer und Beobachter schnell, daß Sie eine Theaterrolle vorspielen – und das noch schlecht. Mimik, Gestik und Körpersprache senden unbewußte, kaum steuerbare Signale. Sie mag zwar nur ein Fachmann immer richtig deuten können, einem Laien signalisieren sie immerhin, daß irgend etwas »nicht stimmt«.

Eine hohe Textsicherheit garantiert Ihnen hier einen größeren und freieren Bewegungsspielraum. Den sollten Sie aber auch unbedingt nutzen.

Die nachfolgende kurze Checkliste sollte Ihnen noch einmal bei der Prüfung helfen, damit Sie auch nichts vergessen.

Checkliste für einen erfolgreichen Redner

Informationen sammeln:

Über was, wann, vor wem wird geredet?

Redethema abgrenzen und Wichtiges vom Unwichtigen trennen.

Alle zugänglichen Argumente und Gegenargumente sammeln.

Termin, Rededauer und Einstellung des Publikums abklären.

Sind alle Interessierten eingeladen?

Wird anschließend diskutiert?

Sind Zeit und Ort des Vortrages physisch und psychisch zu bewältigen?

Müssen technische Hilfsmittel eingesetzt werden (Mikrofon, Tafel, Bildwerfer, Infomaterial an Publikum)?

Kleidung auf Redeanlaß abstimmen.

Wann spätestens muß Redner eintreffen (Vorgespräch erforderlich)?

Informationen ordnen und speichern:

Redestoff in Einleitung, Hauptteil und Schluß durchgliedern.

Sind Abgrenzungskriterien der Stoffauswahl für das Publikum klar erkennbar?

Paßt die Wortwahl zum Thema? Sind alle überflüssigen Phrasen, Mode- und Fremdwörter sowie Übertreibungen entfernt?

Redetext so präpariert, daß freier Vortrag möglich?

Oft genug memoriert, so daß der Text sicher sitzt (Tonband, Spiegel, Person)?

Informationen weitergeben:

Sitzt der Text so, daß Sie sich frei bewegen können (Mimik, Gestik, Körpersprache)?

Augenkontakt zum Publikum herstellen und während des Vortrages nicht aufgeben.

Stimmt die Vortragsposition (stehend, sitzend, Podium)?

Können Sie überall gehört werden?

Rededauer kontrollieren und einhalten.

Können Sie notfalls – je nach Interesse und Aufmerksamkeit des Publikums – abkürzen (oder verlängern)?

Sitzt der Schluß?

Besonderheiten der Reden zur Hochzeit

Die vorstehenden Tips zum Reden sollten Sie eigentlich immer beherzigen. Für die Reden am Tag der Eheschließung oder der Jahrestage einer Hochzeit gelten darüber hinaus aber noch einige Besonderheiten.

Mit ganz wenigen Ausnahmen handelt es sich bei Reden zur Hochzeit um Ansprachen im privaten und vertrauten Kreise. Die Ausnahmen beschränken sich auf die seltenen Jubiläen, wie goldene oder eiserne Hochzeit, wo manchmal auch Vertreter des öffentlichen Lebens das Wort ergreifen.

Reden im privaten Kreise sind nie förmlich, sondern eher spontan. Es kommt nicht so sehr auf den formvollendeten Vortrag an, als vielmehr auf das Gefühl der Verbundenheit, der herzlichen Anteilnahme, der inneren Beteiligung, die der Redner vermitteln kann.

Solche Reden sind nicht theoretisch und nicht abstrakt, sondern vollgepackt mit privaten Begebenheiten und Erlebnissen, mit persönlichen Wünschen und Empfindungen.

Also nicht so sehr der Verstand, sondern mehr das Herz sollen Text und Vortrag leiten. Statt intellektueller Tiefenschärfe herzliche Anteilnahme.

Das heißt, hier ist die gute freie Rede mehr gefordert als der Vortrag vom Manuskript.

Mimik und Gestik müssen selbstverständlich erkennen lassen, daß es sich hier um ein frohes Fest handelt, einen Tag, an dem Gefühle regieren. Solche Stimmungen sollten sich von selbst einstellen. Sie mit Alkohol schneller herbeizaubern zu wollen, sollten Redner besser gar nicht erst versuchen.

Zur Vorbereitung Ihrer Hochzeitsrede sollten Sie sich über die regionalen Unterschiede der möglichen Jahrestage dieses Festtages unterrichten. Grüne, silberne und goldene Hochzeit sind praktisch die einzigen Jahrestage, über die weitgehend Einigkeit besteht. Alle übrigen Termine werden unterschiedlich gezählt, bezeichnet und gefeiert. Entsprechend unterschiedlich sind auch die Symbole für die einzelnen Jahrestage und damit auch die Möglichkeit, Reden und Geschenke darauf abzustellen.

Aber gleichgültig, ob der erste Jahrestag der Eheschließung nun eine papierene oder auch baumwollene Hochzeit ist (nach der Überlieferung schenkt man hier vor allem Baumwolltücher, also auf jeden Fall »Praktisches«), die diamantene Hochzeit nach 60, 65 oder erst nach 70 Jahren gefeiert werden soll, Grund zum Feiern und zur launigen Rede besteht auf jeden Fall. Ob Sie also am 15jährigen Ehejubiläum zur gläsernen Hochzeit reden oder zur kristallenen Hochzeit, ist dabei weniger wichtig als das Bewußtsein des Paares und seiner Gäste, daß dieser Festtag mit einer gelungenen Rede noch schöner wird.

Die Rederollen und die fingierten Redner sind im nachfolgenden so konzipiert, daß Sie die einzelnen Beiträge auch als Bausteine zusammenfügen können. Orte, Namen und Begebenheiten sind natürlich frei erfunden. Der jeweilige Einbau in den Text soll als Muster für Ihren eigenen Entwurf dienen.

Reden zum Hochzeitstag (grüne Hochzeit)

Vater der Braut spricht

Liebe Ursula,
lieber Jürgen,
verehrte Gäste,
wir freuen uns sehr, daß Sie alle unserer Einladung gefolgt sind und mit uns zusammen das Hochzeitsfest unserer Kinder Ursula und Jürgen feiern wollen.

Zunächst aber auch von dieser Stelle einen herzlichen Glückwunsch an unser neuvermähltes Paar. Mögen nur Glück und Sonnenschein Euch auf Eurem gemeinsamen Lebensweg begleiten. Möge Euer Entschluß, in Freud und Leid zueinander zu stehen, Euch glückliche Tage bescheren und helfen, die schweren leichter zu überwinden.

Liebe Ursula, Du verläßt heute Dein Elternhaus, um einen eigenen Hausstand zu gründen. Wir als Deine Eltern sind ganz sicher, daß Du diese für Dich neue Aufgabe ebenso meistern wirst wie Deine beruflichen Pflichten, die Du ja vorerst noch weiter erfüllen willst. Die doppelte Belastung sollst Du aber nicht unterschätzen. Sie wird sehr viel mehr von der ach so knappen Freizeit für sich beanspruchen, die Ihr beiden wenigstens bis zum heutigen Tag sicherlich besser und interessanter habt verbringen können. Wir wünschen Euch aber von ganzem Herzen, daß zusätzliche Pflichten, Lasten und der Alltagstrott Euren Elan und Eure Freude am gemeinsamen Neubeginn nicht allzu schnell zermürben.

Auch wenn Du uns heute sozusagen verläßt, in Eure neue Wohnung ziehst, wissen wir, liebe Ursula, daß diese räumliche Trennung ja nicht bedeutet, daß die enge Verbundenheit zu Deinem Elternhaus und Deiner Familie damit unterbrochen wird. Denn Du, lieber Jürgen, nimmst uns ja unsere Ursula nicht weg. Sondern bist als Sohn in unserer Familie dazugekommen und von Anfang an auch völlig ohne Anpassungsschwierigkeiten von allen auch akzeptiert worden. So verlieren wir am heutigen Tag kein Kind, sondern haben sogar noch eins dazu bekommen. Ich will Euch heute sagen, daß wir hierüber sehr glücklich sind. Vielleicht gerade deshalb, weil dies nicht alltäglich ist. Weil häufig schon in der Partnerwahl der Kinder der schwerste Konfliktstoff mit den Eltern liegt. Weil oft zu wenig Toleranz auf beiden Seiten dann zu nicht wieder gutzumachenden Zerwürfnissen führt.

Wir sind auf jeden Fall mit Eurer Wahl, liebe Kinder, hochzufrieden. Daß Ihr dies auch immer bleiben werdet, wünschen wir Euch heute von Herzen.
Unser Hochzeitsgeschenk haben wir als Überraschung heute morgen in Eure Wohnung anliefern lassen. Es wird dies, wenn ich das mal so sagen darf, das letzte unbefugte Eindringen in Euer Reich gewesen sein. Wir

hoffen aber, daß die neue Waschmaschine – das ist die Überraschung! – die bisher zwischen Euch beiden hartnäckig geführten Finanzierungsdebatten etwas abkürzt. Vielleicht hilft das damit Eingesparte, den Hochzeitsurlaub um ein, zwei Tage zu verlängern.

Liebe Ursula, Lieber Jürgen,
dies ist ein schöner und wichtiger Tag in Eurem Leben. Laßt uns zusammen ein Glas darauf trinken, daß alle Wünsche, Hoffnungen und Träume, die Ihr an diesen Tag geknüpft habt, auch in Erfüllung gehen. Mutter und ich hoffen es von Herzen. Prosit!

Die Mutter des Bräutigams spricht

Liebe Ursula,
lieber Jürgen,
verehrte Gäste,
wenn Vater noch lebte, hätte er ganz bestimmt am Hochzeitstag seines Sohnes auch ein paar Worte gesagt. Und ich bin mir eigentlich recht sicher, was Du, lieber Hans, so eindringlich und herzlich unseren Kindern mit auf den Weg gegeben hast, hätte er Wort für Wort so auch unterschrieben. Aber er hat ja leider diesen schönen Tag nicht mehr erleben dürfen.

Sicher ist es aber in seinem Sinne, wenn auch ich Euch mit ein paar Worten sage, was mir in diesen Stunden so durch den Kopf geht. Zuerst will ich Euch beiden, liebe Ursula und lieber Jürgen, hier vor der großen Familie

Glück und Segen für Euer ganzes Leben wünschen. Ich bin ganz sicher, daß Ihr ebenso glücklich und zufrieden in eine gemeinsame Zukunft geht, wie dies Eure Eltern vor fast einem Vierteljahrhundert getan haben.

Wenn ich Euch heute aus dem Erfahrungsschatz wertvoller und schöner Erinnerungen eines mit auf den Weg geben darf, dann dieses: Es gibt für ein menschliches Leben nichts Sinnvolleres und nichts Erstrebenswerteres als eine dauerhafte verläßliche Partnerschaft. Eine gegenseitige Partnerschaft, in der beide sich bemühen, mehr zu geben als zu nehmen. Wenn dies beide wollen, dann mögen Krisen, Sorgen, Nöte und Krankheiten zwar den Alltag belasten. Aber diese Belastungen werden mit größerem Gleichmut weggesteckt und überwunden, weil man ja weiß, daß man ihnen nicht allein ausgesetzt ist. Und wenn dann eines Tages das zunächst Unfaßbare, das Schlimmste geschieht und einem dann der geliebte und vertraute Partner durch den Tod entrissen wird, dann hilft die gemeinsame Zeit, das Bewußtsein, ein langes Stück des Weges miteinander gegangen zu sein, auch diesen Schock zu überwinden.

Ich sage das heute nicht, um die glückliche Stimmung zu trüben. Nein, ich will vielmehr damit ausdrücken, daß ich ganz sicher bin, daß Du, liebe Ursula, und Du, lieber Jürgen, Euch in diesem Sinne versprochen habt. Und ich will damit sagen, daß ich sehr glücklich bin, daß wir Euch durch unser eigenes praktisches Beispiel für diesen Weg überzeugen konnten. Mehr glaube ich, vor allem aber Besseres, kann man seinen Kindern nicht mit auf den Lebensweg geben. Werdet glücklich miteinander.

Versucht, die herzliche Liebe und Zuneigung vor den Alltagsproblemen zu schützen. Ich weiß, daß Ihr es schafft, so wie Eure Eltern es geschafft haben. Und wenn Ihr einmal Kinder haben werdet, lebt ihnen das beispielhaft vor, was Ihr von ihnen später dann selbst erwartet und erhofft.

Noch einmal meine herzlichsten Glückwünsche. Mit diesem Gläschen will ich mit Euch anstoßen auf eine sonnige Zukunft: Auf Euer Wohl.

Die Mutter der Braut spricht

Liebe Tochter,
lieber Schwiegersohn,
im Zeichen der Gleichberechtigung der Frau habe ich als Mutter heute die Aufgabe übernommen, Euch die Hochzeitsrede zu halten. Sonst redet ja immer mein lieber Mann, so daß er an diesem besonderen Tag seine Fähigkeiten als Zuhörer erproben kann.

Lieber Kinder, wir sind sehr froh, daß Ihr Euch gefunden habt. Und wir sind sicher, wie man es bei zwei Zwanzigjährigen sein kann, daß Ihr gut zusammenpaßt. Überlaßt Euch aber nicht dem Irrtum, daß alles so bliebe in Eurer Zweierbeziehung, wie es jetzt ist. Das wäre auch schrecklich, denn Ihr beiden jungen Menschen werdet Euch weiterentwikkeln.

Die Entwicklung Eurer Persönlichkeiten kann sehr stark sein, und es gibt auch Fälle, wo sich die Interessen und Bedürfnisse der Partner auseinanderentwickeln. Das wünsche ich Euch nicht!

Aber ich wünsche Euch, daß Ihr Euch streitet, wenn Ihr nicht einig seid. Das heißt, daß Ihr Kompromisse finden müßt und Euch wieder vertragt. Dies bedeutet, daß Ihr Euch gelegentlich abfinden müßt mit einer Situation, die Ihr nicht am anderen oder in Eurer Umgebung ändern könnt. Ihr müßt dem anderen gegenüber tolerant sein, aber Ihr dürft nicht gegen Eure eigenen wichtigsten Bedürfnisse handeln wollen. Ihr werdet sehen, dies ist schwer unter einen Hut zu bringen. Aber Ihr werdet auch sehen, daß Ihr es schafft.

Ihr seid beide sehr reif für Euer Alter und sehr verantwortungsbewußt, was Euch und Eure Umwelt angeht. Mehr kann man nicht voraussetzen beim Beginn einer Ehe. Deswegen bin ich sicher, daß Ihr eine stabile Partnerschaft haben werdet.

Wenn es Probleme gibt, sind wir selbstverständlich für Euch da zum Aussprechen, zum Zuhören oder zum Ausweinen. Wir werden uns nicht gegen einen von Euch beiden stellen, das ist nicht unsere Art. Aber wir werden für Euch da sein, wenn Ihr uns braucht.

Ratschläge für die Zukunft wollen wir Euch nicht geben. Die Zeiten sind heute nicht danach, daß Ältere den Jüngeren Ratschläge geben müssen. Macht es, wie Ihr es für richtig haltet und wie es Euch am besten entspricht.

Die größte Freude macht Ihr uns damit, daß Ihr den Kontakt zu uns behaltet und beide ein bißchen unsere »Kinder« bleibt. Wir wünschen Euch alles Glück der Welt für Eure gemeinsame Zukunft.

Der Großvater der Braut spricht

Liebe kleine Usch',
lieber Jürgen,
liebe Kinder,
an Eurem heutigen Hochzeitstag dürfen Eure Großeltern als Gratulanten ganz gewiß nicht fehlen. Habt ihr Euch eigentlich schon einmal überlegt, daß es uns, wie nur noch ganz wenigen Familien vergönnt ist, in einem solchen Kreise zusammen zu sein? Daß es schon eine besondere Gnade ist, wenn die Generationen gesund und munter noch ein solches Fest zusammen feiern können?

Wie Ihr ja alle wißt, durften Großmutter und ich im vergangenen Jahr das seltene Fest der goldenen Hochzeit erleben. Deine Eltern, liebe Usch', stehen kurz vor dem silbernen Jubiläum, und Ihr zwei beginnt heute Euren gemeinsamen Lebensweg. Es muß schon etwas dran sein an dem Wort, daß Einigkeit stark macht. Nur Partner, die sich einig sind, sind stark genug, auch alle Krisen und Schwierigkeiten zu überwinden, die das tägliche Leben so mit sich bringt. Und nur wenn man stark genug ist, auch Unliebsames und

Unangenehmes gemeinsam zu ertragen, gelingt es einem, eine Partnerschaft auf Dauer zu bewahren.

Wir, Eure Großeltern und auch Eure Eltern, haben es nicht immer so leicht und gut gehabt wie heute. Inflation, Krieg, Zerstörung, Wiederaufbau, Auf und Ab, Hoch und Tief – ich glaube, gerade der gemeinsame Kampf auch um Dinge, die uns heute schon so selbstverständlich sind, hat uns alle fest zusammengeschweißt.

Insofern hatten wir schon bessere Startbedingungen als jene Generation, die fast alles hat, der kaum noch etwas fehlt und die nun erleben muß, daß es in manchen Bereichen eher wieder rückwärts statt vorwärts geht. In einer solchen Entwicklung liegt viel Zündstoff, nicht nur im gesellschaftlichen Bereich, sondern auch im persönlichen.

In einer Umwelt, die in Bewegung ist, über deren Entwicklungen weithin Unsicherheiten bestehen, in einer solchen Umwelt werden auch menschliche Beziehungen leichter instabil. Wir sehen es ja nicht nur daran, daß bestehende Verbindungen schneller zerbrechen als früher, sondern auch in der Scheu, ja Angst vieler junger Menschen, feste Bindungen über den Tag hinaus einzugehen. Daß wir in unserer Familie, in unserem Freundes- und Bekanntenkreis solche Entwicklungen praktisch nicht haben miterleben müssen, sind wohl mehr glückliche Ausnahmefälle. Ausnahmefälle, für die man kämpfen muß, für die es sich aber auch lohnt zu kämpfen.

Du, liebe kleine Usch', und Du, lieber Jürgen, kennt Euch ja von der Schulzeit her. Euer Entschluß, ein gemeinsames Leben zu beginnen, entspricht deshalb auch nicht einer Laune des Augenblicks. Nein, er ist in langer Zeit gereift. Ihr seid zu der Überzeugung gekommen, den Menschen gefunden zu haben, mit dem man auch gerne alt werden möchte.

Wir wünschen Euch von Herzen, daß es Euch so wie uns vergönnt sein möge, eine lange glückliche Zeit gemeinsam zu erleben. Auf Eure Zukunft!

Die Großmutter des Bräutigams spricht

Liebe Ursula,
lieber Jürgen,
liebe Gäste,
auch ich möchte mich mit den vielen Glückwünschen am heutigen Tage von Herzen anschließen. Mit Eurer Hochzeit ist mir ein langgehegter Wunsch endlich in Erfüllung gegangen. Oft habe ich mich mit Eurem Großvater darüber unterhalten, wann denn nun endlich geheiratet würde. Weil ja für mich seit langer Zeit alles klar war, was Euch beide betraf. Und so ist es mir schon manchmal recht schwergefallen, nicht nachzufragen und zu bohren, zumal Euer Großvater mich immer wegen meiner angeblichen Neugier aufgezogen hat. Aber das hat ja wohl nichts mit Neugier zu tun, wenn man sich um die Zukunft seiner Enkelkinder Gedanken macht, oder?

Heute nun endlich seid Ihr Mann und Frau vor Gott und den Menschen. Und mir fällt dabei ein Stein vom Herzen. Denn ich meine, wenn zwei sich mögen und auch zusammenleben, dann soll auch alles seine Ordnung nach außen haben. Das mag vielleicht ein bißchen altmodisch klingen. Man muß aber auch nicht allen neumodischen Kram mitmachen. Manchmal meine ich, daß viele Paare, die zusammenleben, nur deshalb nicht heiraten wollen, um sich möglichst lange noch eine Hintertür offenzuhalten. Ob das aus Angst vor einer Bindung oder der Verantwortung geschieht, weiß ich nicht. Ich finde das aber schon deshalb nicht gut, weil es zu bequem ist. Und diese Bequemlichkeit ist der Feind jeder Liebe.

Ihr habt die gemeinsame Probezeit heute offiziell durch Eure Heirat abgeschlossen. Aber täuscht Euch nicht, in Wahrheit ist noch lange nichts vorbei. Ihr werdet auch künftig noch oft genug vor Probleme gestellt werden, wo Ihr wie am Anfang nach neuen Lösungen ringen müßt, neue Kompromisse suchen und schließen müßt, wo Ihr um Eure Liebe kämpfen müßt. Aber tröstet Euch. Wenn es nicht so wäre, wäre es schnell sehr langweilig. Und Langeweile ist wie die Bequemlichkeit ein ernsthafter Störenfried des Glücks.

Eure Großmutter wünscht Euch von Herzen, daß Langeweile, Bequemlichkeit und Gleichgültigkeit Euer Glück nie in Frage stellen sollen. Daß Eure Entscheidung füreinander ein langes und glückliches Leben dauert.

Und – ich will es sagen, obwohl ich weiß, daß mich Großvater dann wieder mißbilligend anschaut – auf meinen ersten Urenkel möchte ich nicht gerne so lange warten müssen wie auf Eure Hochzeit.

Älterer Bruder der Braut spricht

Liebe Gaby,
lieber Günter,
Ihr beiden habt vor dem Standesamt und in der Kirche mit Eurem Jawort feierlich gelobt, den künftigen Lebensweg gemeinsam zu gehen.

Damit obliegt es dem älteren Bruder als dem nominellen Oberhaupt der Familie, Euch im Namen aller Glück und Segen zu wünschen für Eure gemeinsame Zukunft. Euch zu sagen, daß wir mit Euch hoffen, daß Euer Gelöbnis allen Stürmen der Zeit trotzen möge, daß es Euch immer gelingt, zu dieser Entscheidung zu stehen, auch wenn der Alltag Euch längst eingeholt hat.

Ich weiß, daß unsere Eltern, liebe Gaby, Dir dies an dem heutigen Tage auch so oder wenigstens so ähnlich gesagt hätten, wenn sie noch unter uns wären. An diesem schönen Tag, wo für Euch eine neue glückliche Zukunft beginnt, wollen wir für ein paar Augenblicke auch die Vergangenheit wieder in die Erinnerung zurückrufen. Zurückschauen, wie alles angefangen hat.

Nach dem frühen Verlust unserer lieben Eltern, hat vor allem unsere Schwester Elke alles versucht, Dir die Mutter zu ersetzen. Wir beide wissen, daß diese Aufgabe für Elke nicht immer leicht gewesen sein kann: Aber auch, daß sie sie gerne übernommen hat und jederzeit für Dich da war. Dafür ist der heutige Tag ganz sicher der richtige Anlaß, Elke ganz herzlich zu danken. In dieser Zeit sind wir Geschwister enger zusammengewachsen.

Vor allem hat sich in allen diesen Jahren die Bindung zu Deinem alten Jugendfreud Günter immer wieder aufs neue bewährt.

Ihr habt beide zielstrebig Eure Ausbildung fortgesetzt und auf den künftigen beruflichen Erfolg hingearbeitet. Fest stand von Anfang an, daß erst dann geheiratet werden sollte, wenn diese erste Aufbauphase, gewissermaßen auch als erfolgreiche Probezeit, abgeschlossen sein würde. So habt Ihr schon vor der Hochzeit wenigstens einige der schwierigen Prüfsteine hinter Euch gelassen, an denen manch einer später dann hat scheitern müssen.

Liebe Gaby, lieber Günter,
Euer Beispiel zeigt, wie sich aus einer alten Jugendliebe über lange Zeit eine feste, vertrauensvolle Partnerschaft entwickelt hat, die heute für jeden sichtbar und von uns allen mit Euch gewünscht und erwartet besiegelt worden ist.

Die Tatsache, daß Euch nichts in den Schoß gefallen ist, daß Ihr es schwieriger als andere hattet, einen guten Startpunkt im beruflichen

Wettkampf zu erreichen, hat Euch wohl genügend Selbstvertrauen gegeben, so daß wir uns um Eure gemeinsame Zukunft wohl keine Sorgen machen brauchen. Wir hoffen mit Euch, daß Ihr noch lange glücklich und erfolgreich auf Eurem gemeinsamen Wege gehen könnt.

Wir wünschen Euch, daß Eure Empfindungen und Gefühle füreinander stets stark genug sein werden, auch alle Krisen und Rückschläge zu überwinden.

Bei all den vielen guten Wünschen für Euer Glück, Euren Erfolg und für eine harmonische Zukunft erhoffen wir uns alle auch über diesen Tag hinaus, daß die Verbundenheit der ganzen Familie fest bestehen bleiben möge. Trotz unterschiedlicher Interessen, trotz mancherlei beruflicher und privater Belastungen und großer räumlicher Distanz wollen wir die Kontakte sorgsam bewahren und pflegen, so, wie wir es auch in der Vergangenheit gehalten haben.

So, wie wir heute alle teilweise von weit her zu Eurer Hochzeit gekommen sind, wollen wir auch in Zukunft die großen Ereignisse in der Familie miteinander feiern und hoffen, daß hierzu noch recht oft, vor allem aber noch recht lange, Gelegenheit sein wird.

Liebe Gaby, lieber Günter,
noch einmal unsere herzlichen Wünsche zu Eurer Hochzeit. Möge Euch das Glück, das Euch bis zu diesem Tage so ganz augenscheinlich zur Seite gestanden hat, als verläßlicher Partner in eine frohe Zukunft begleiten.

Hallo Schwester, hallo Schwager,
wie Ihr alle wißt, halte ich von diesem förmlichen Kram wirklich nichts. Wahrscheinlich habt Ihr mich deshalb auch als Trauzeuge angeheuert. Ältere Schwestern haben ja die dumme Angewohnheit, die jüngeren Brüder bis ins hohe Alter hinein erziehen zu wollen. Kein Wunder, daß dabei alles mögliche schiefläuft. Weil's halt insbesondere bei älteren Schwestern mit der Logik nicht allzuweit her ist.

Einerseits wird einem nämlich eingebleut, um Gottes Willen ja nichts zu unterschreiben, was man nicht vorher genau gelesen, geprüft und richtig verstanden hat. Damit später nichts daneben geht.

Auf der anderen Seite soll ich mit meiner Unterschrift dafür geradestehen, was Ihr Euch so alles für die Zukunft versprochen habt. Also, hoffentlich haut das auch so hin und Ihr blamiert Euren Trauzeugen nicht.

Aber wenn ich Euch so sehe, bin ich eigentlich ganz optimistisch. Ihr habt ja auch schon Zeit genug gehabt, Euch gegenseitig von allen Seiten zu beschnuppern. Manchmal habe ich schon befürchtet, daß Ihr die Kurve überhaupt nicht mehr bekommt. Nun hat es ja doch geklappt. Gott sei Dank! Kaum vorzustellen für einen jüngeren Bruder, wenn seine ältere Schwester doch keinen mehr abbekommt und dafür den Rest der Familie malträtiert.

Nun mußt Du, lieber Günter, eben für manches herhalten, was meine liebe Schwester Gaby in der Vergangenheit ihren Geschwistern, vor allem natürlich den kleineren, aufgeladen hat. Aber irgendwie sind wir doch immer klargekommen. Und das hoffe ich auch für Euch.

Bleibt so, wie Ihr seid. Auch wenn Ihr jetzt Euren eigenen Hausstand in Bonn aufmacht und wir uns wahrscheinlich deshalb lange nicht mehr so oft wie in den letzten Jahren sehen können, hoffe ich doch, daß die Kontakte nicht abreißen werden. Ich verstehe mein Amt als Trauzeuge so, daß ich schon von Zeit zu Zeit nach dem Rechten schauen sollte. Aber heute wollen wir noch einmal richtig zusammen in der alten Heimat feiern.

Liebe Gaby, lieber Günter,
als kleines Geschenk von mir möchte ich Euch dieses Kochbuch überreichen. Vielleicht hilft es Euch, durch eifriges Training in der Zwischenzeit den künftigen Besuch Eures Trauzeugen angemessen vorzubereiten. Auch dazu wünsche ich Euch heute schon viel Glück und Erfolg.

Schwester des Bräutigams spricht

Liebe Gaby,
geliebtes Bruderherz,
bei all den schönen und festlichen Familienfeiern ist es leider immer noch üblich, daß nur die Herren der Schöpfung reden. Warum ist das eigentlich so? Als ob wir Frauen hierzu gar

nichts zu sagen hätten! Haben wir aber doch!

Wir, der weibliche Teil der Familie, wollen Dir, geliebtes Bruderherz, und Dir, liebe Gaby, ganz herzlich zu Eurer Hochzeit gratulieren.

Lange schon bevor die Männer in unserer Sippe gemerkt hatten, was sich hier eigentlich anbahnt, haben wir Frauen dank unserer weiblichen Intuition begriffen, daß eine Hochzeit ins Haus steht. Daß es schließlich so lange gedauert hat, spielt dabei eigentlich keine Rolle.

Schon seit jenem Abschlußball in der Tanzschule waren wenigstens wir Frauen uns einig, daß Ihr beiden ganz prima zueinander paßt. Auf jeden Fall aber waren seit dieser Zeit alle weiteren Überlegungen und Spekulationen zu Ende, wer denn gegebenenfalls da noch in Frage kommen könnte.

Und da bekanntlich ja Frauen sehr viel kritischer mit eigenen Artgenossen umgehen als Männer, warst Du, liebe Gaby, seit diesem Tage für den weiblichen Teil unserer Familie – unausgesprochen natürlich – zuerst der geheime, später dann auch der erklärte Favorit.

Günter hat von alledem natürlich nichts geahnt. Sollte er auch nicht. Um so mehr haben wir uns natürlich gefreut, daß wir so früh mit unserem Tip goldrichtig gelegen haben. Ja, daß er sich schließlich als ausgesprochener Volltreffer entpuppte.

Daran kann man wieder einmal sehen, wieviel besser es eigentlich um diese Welt bestellt wäre, wenn wir Frauen eher und öfter unsere

Meinung sagen würden. Aber jeder muß halt seine Erfahrungen selber sammeln. Wenn es, wie in diesem Falle, nur gute und schöne sind, macht es ja auch nichts, wenn es ein wenig länger dauert.

Da nun endlich gut wird, was lange gewährt hat, wollen wir Euch beide wünschen, daß auch dieses endlich Gute lange währt. Bleibt glücklich miteinander. Legt Euch ein Stückchen dieses Glücks auf die hohe Kante, so daß Ihr auch in schwierigen Zeiten immer wieder darauf zurückgreifen könnt.

An diesem schönen Tag heute wollen wir aber nur von einer freundlichen Zukunft reden: Wir wünschen sie Euch von ganzem Herzen. Geliebtes Bruderherz, liebe Gaby, ich erhebe mein Glas und bitte alle Gäste, mit mir anzustoßen auf Euer Wohl!

Ältere Schwester der Braut spricht

Meine liebe Schwester,
lieber Schwager,
nicht geachtet der geistigen Erschöpfung, die Euch nach so vielen Reden zu Eurer Hochzeit inzwischen sicherlich schon erfaßt hat, fühle ich mich verpflichtet, Euch als älteste Schwester der Braut noch einmal besonders Glück zu wünschen zu Eurem Entschluß, nach so vielen Jahren des Zusammenlebens Nägel mit Köpfen zu machen und endlich zu heiraten.

Ich habe auch noch etwas Besonderes dazu zu sagen, denn das Leben meiner kleinen Schwester und die Entwicklung Eurer Beziehung habe ich immer mit großem Interesse und mit einem starken Verantwortungsgefühl verfolgt.

Wegen der Berufstätigkeit unserer Mutter und des großen Altersunterschiedes zwischen Melanie und mir habe ich schon, seit ich denken kann, Mutterstelle an der kleinen Schwester vertreten. Nachdem ich dann aus dem Elternhause fort und selber verheiratet war, zwar nur noch von fern, aber – wie das ältere Schwestern manchmal so an sich haben – sehr intensiv. Die ersten Jahre haben wir uns bei unseren gelegentlichen Besuchen im Elternhaus immer sehr über den albernen Teenager amüsiert, der stundenlang mit seiner Freundin – von uns wegen ihres abenteuerlichen Aussehens »Tigerlilli« genannt – neben uns sitzen und scheinbar grundlos kichern konnte. Interessant waren auch die Phasen der äußeren Entwicklung: vom Aussehen einer 16jährigen Kleopatra über die perfekte Fotomodellaufmachung hin zum natürlichen, sportlichen Typ. Zum Glück gibt es noch Fotos aller Phasen, die ich sorgfältig hüte, damit sie mir nicht von einer über ihre »Jugendsünden« entsetzten Schwester entführt werden.

Dann habe ich mir manchmal Sorgen gemacht um Dich, liebe Schwester, und habe Dich gegenüber der Familie oft verteidigen müssen. Denn Du hast zeitweise ohne rechte Ausbildung und oft ohne Arbeit von der Hand in den Mund gelebt. Es kamen auch Zeiten, wo Du dem sogenannten Jet-Set sehr nahestandest und die Diskrepanz zwischen Deinem Lebensstil und dem selbst Erarbeiteten auch für meine schwesterlich-mütterlichen Augen ziemlich groß war. Trotzdem haben wir immer Kontakt gehabt, weil Du uns auf Deinen Reisen, so oft es ging, besucht hast. Ich war ja mit Familie und kleinen Kindern und wenig Geld fast unbeweglich geworden, so daß Deine Besuche uns immer eine große Freude und einmal, als ich im Krankenhaus lag und die Kinder gehütet werden mußten, auch eine große Hilfe waren.

Dann tauchte plötzlich Michael in Deinem Leben auf, und zu unserem Glück haben wir uns alle mit ihm gleich sehr gut vertragen. Seitdem sind meine Sorgen um die kleine Schwester sozusagen in andere Hände übergegangen und damit auch das Verantwortungsgefühl.

Einen rechten Grund, warum Melanie und Michael nicht heiraten wollten, haben wir eigentlich nie gefunden, ihren Entschluß aber natürlich akzeptiert.

Nun freut es uns, daß sie sich schließlich doch hat überzeugen lassen und einen Mann heiratet, der beides ist: ein strebsamer Schwabe und ein Künstler. Wir denken alle, daß diese seltene Mischung mit dazu beiträgt, unserer großen Kleinen das zu bieten, was sie vielleicht braucht: ein interessantes Leben und eine solide Zweierbeziehung.

Also, von uns kommen die besten Wünsche für Eure gemeinsame Zukunft und die Hoffnung, daß wir weiterhin mit Euch so eng verbunden bleiben wie bisher.

Liebe Sabrina,
lieber Christoph,
wenn die beste Freundin sich mit Heiratsabsichten beschäftigt, sieht man das als langfristige Weggefährtin doch mit einigermaßen gemischten Gefühlen. Einerseits fühlt man mit und freut sich mit dem jungen Paar. Auf der anderen Seite aber registriert man doch schon mit ein wenig Wehmut, daß immer weniger Zeit für gemeinsame Unternehmungen und Gespräche übrig bleibt. Denn schließlich dringt da in eine langjährige Beziehung plötzlich gewissermaßen ein Außenstehender ein, macht Ansprüche geltend und erobert Stück für Stück immer mehr Anrechte auf Zeit und Gefühl. Ein wenig Ärger, ein wenig Eifersucht, ein wenig Trauer stellen sich da am Anfang ein. Ganz empfindlich wird dabei registriert, ob man noch wie früher ins Vertrauen gezogen wird, oder ob schon entsprechende Blicke oder Bemerkungen signalisieren, daß das »den anderen eigentlich doch gar nichts angeht«.

Ich glaube, in solchen Zeiten beweist sich, ob eine Freundschaft auf Dauer Bestand hat. Deine Hochzeit mit Christoph, liebe Sabrina, wird jedenfalls unsere Freundschaft nicht gefährden. Eine Freundschaft, die ja nun schon seit unserer gemeinsamen Schulzeit dauert. In diesen vielen Jahren haben wir eine ganze Menge gemeinsam erlebt und unternommen und, wenn ich es mir richtig überlege, auch eine ganze Menge Unfug angestellt. Und manches aus dieser herrlichen Zeit wird wohl auch besser unser gemeinsames Geheimnis bleiben.

Heute aber macht Deine Freundin Platz für eine neue Hauptperson in Deinem Leben. Ich weiß aber, daß ich damit nicht ausgeschlossen bin, und darüber bin ich froh und glücklich. Unsere bewährte Freundschaft erhält zusätzliche neue Aufgaben, aber sicher nicht weniger Eindringlichkeit. Liebe Sabrina, mit Christoph hast Du Deinen Traummann ja bekommen.

Ich will Euch ganz fest die Daumen drücken, daß Ihr alles erleben und erreichen könnt, was Ihr Euch für Eure gemeinsame Zukunft erhofft und erträumt habt. Sozusagen als Dritte im Bunde will ich alles dazu beitragen, was nur in meiner Macht steht. Ich kann Euch von Herzen nachfühlen, wie Euch am heutigen Tage zumute ist.

Daß Ihr immer so froh, so glücklich und unbeschwert Euer Leben genießen könnt und daß es Euch nur sonnige Tage bringen möge, soll mein größter Wunsch für Euch sein. Aber auch der zweite Wunsch soll in Erfüllung gehen: daß unsere Freundschaft Euer Bündnis noch zusätzlich stärken möge. Dann wird ganz sicher nichts schiefgehen.

Liebe Sabrina,
lieber Christoph,
herzlichen Glückwunsch zu Eurer Vermählung nicht nur von mir, sondern auch im Namen des ganzen großen Freundeskreises. Heute vormittag haben wir nach der kirchlichen Trauung ja schon Spalier gestanden. An der Länge des Spaliers habt Ihr messen können, wie groß der Kreis Eurer Freunde und Bekannten ist, der es sich nicht nehmen lassen wollte, so – wie es der schöne alte Brauch verlangt – Glück zu wünschen und Reis zu streuen. Und daß es Eurem Freundeskreis ernst um Euer gemeinsames Glück ist, habt Ihr daran sehen können, welche Bewährungsproben für Euch von uns ausgedacht worden sind.

Nun hast Du, Christoph, Deine junge Frau zwar noch wacker durch die aufgestellte Kulissentür getragen und die schwierige Schwelle überwunden. Und Du, Sabrina, hast auch nicht über Gebühr lange gebraucht, um die Knöpfe anzunähen. Ganz sicher mußt Du aber, bis Du eine perfekte Hausfrau bist, beim Einfädeln des Fadens noch eine Weile üben, damit nicht alle Finger so zerstochen werden.

Viel zu lange nach unserer Meinung habt Ihr allerdings zum gemeinsamen Zersägen des Baumstammes gebraucht, der den Ausgang versperrte. Und da wir nicht glauben, daß die Glut der Flitterwochen bis über den Winter hin ausreicht, um die Heizung völlig zu ersetzen, haben wir alle zusammengelegt und Euch fünf Festmeter Buchenholz für Euren Kamin anfahren lassen. Da könnt Ihr weiter üben und rechtzeitig Vorsorge treffen, daß niemand im Winter erfrieren muß, der Euch besucht.

Lieber Christoph, vor zwei Tagen haben wir im Freundeskreis den vorletzten Junggesellen in eine »schwere Zukunft« entlassen.

Wir hoffen, liebe Sabrina, daß Du ihm in dieser schwierigen Übergangszeit hilfreich zur Seite stehst und die zweifellos notwendigen Umerziehungsversuche mit der gebotenen Vorsicht und liebevollen Rücksichtnahme vornimmst. Wir, die wir uns größtenteils schon dieser harten Schule unterziehen mußten, bitten heute schon für Christoph jeden zweiten Donnerstag um besondere Ausnahmegenehmigung, damit wir uns zusammen im Kegelclub für häusliche Arbeiten und Verpflichtungen fithalten können.

Heute aber wollen wir gemeinsam Eure Hochzeit feiern. Wir wünschen Euch viel Glück, reichen Kindersegen und eine stets gefüllte Haushaltskasse. Dann wird's schon klappen.

Ein Arbeitskollege spricht

Sehr geehrte Frau Maurer,
lieber Paul,
im Namen aller Kolleginnen und Kollegen möchte ich zur heutigen Hochzeit unseres lieben Kollegen Paul mit Ihnen, sehr geehrte

Frau Maurer, die herzlichen Glückwünsche überbringen. Blumen und Geschenk sollen dabei nicht fehlen.

Der Blumengruß, sehr geehrte Frau Maurer, gilt dabei in erster Linie Ihnen. Wir wollen Sie damit sehr herzlich in unserem Kreise willkommen heißen und Ihnen sagen, daß wir eine große Familie sind, in der jeder mitmachen kann, der sich nicht ausschließen will. Wer wie Sie noch dazu aus einem fremden Ort auf so viele neue und fremde Eindrücke in einer neuen Umgebung stößt, soll wissen, daß er nicht allein zu sein braucht. Herzlich willkommen also auch von unserer Seite in Ihrer neuen Heimat. Wir hoffen, daß Sie sich schnell hier einleben und wohlfühlen werden.

Als Geschenk, lieber Paul, bringen wir Deiner Frau und Dir die gewünschten Weingläser mit und einen Karton edlen Weines, um sie zu füllen. Wenn Du und Deine liebe Frau in einer stillen Stunde das Etikett der Weinflaschen genauer anschauen werdet, werdet Ihr sehr schnell die Verbindungen zu dem heutigen Tage herstellen können. Der Wein ist vom Jahrgang 1995, also dem Jahr, in dem Ihr Euch kennengelernt habt. Er heißt »Hilbersheimer Liebespfad« und soll damit den Weg genauer bezeichnen, den Ihr von diesem Tag an zusammen gehen wollt. Es ist selbstverständlich eine Auslese, so wie Ihr Euch erst entschieden habt, als an der besonderen Qualität des Partners aber auch nicht mehr der geringste Zweifel bestand. Und er besitzt eine gehaltvolle Würze, also das, was wir alle der heute geschlossenen Gemeinschaft für alle Zeiten wünschen wollen.

Verbleibt am Ende nur noch, Ihnen, sehr geehrte Frau Maurer, und Dir, lieber Paul, ein herzliches Prosit zuzurufen. Ein Prosit für eine glückliche Zukunft und gute Nachbarschaft.

Der Chef spricht

Sehr geehrte Frau Maurer,
sehr geehrter Herr Maurer,
namens der Firmenleitung darf ich Ihnen zur heutigen Eheschließung unsere aufrichtigen Glück- und Segenswünsche übermitteln.

Unsere Firma ist ja Gott sei Dank kein anonymer Großbetrieb, sondern eine überschaubare Gemeinschaft, in der jeder jeden kennt und deshalb an den freudigen Ereignissen ebenso herzlich Anteil nimmt wie an den weniger erfreulichen. Heute ist ein besonderer Grund zum Feiern für die Betriebsfamilie. Haben sich doch zwei Mitarbeiter unserer Firma das Jawort gegeben und beschlossen, künftig auch den privaten Teil ihres Lebens miteinander zu verbringen.

Ich weiß ja nun nicht, inwieweit das gute Betriebsklima eigentlich der wahre Ehestifter gewesen ist. Feststeht aber nun doch, daß Sie beide sich wahrscheinlich nie und nimmer im Leben kennengelernt hätten, wenn Sie, liebe Frau Maurer, sich nicht vor zwei Jahren bei uns um die Nachfolge der aus Altersgründen ausscheidenden Bilanzbuchhalterin, unserer treuen Frau Halberstadt, beworben hätten. Uns hat damals neben der beruflichen Qualifikation beeindruckt, daß Sie in Ihrem Bewerbungsschreiben auch die Bereitschaft eines Umzuges in unsere Gemeinde erwähnten, weil Sie die Auffassung vertraten, daß Berufliches und Privates doch besser nicht allzuweit auseinanderliegen sollten. Wie das Schicksal eben so spielt.

Nun ist Berufliches, Privates und Familiäres zumindest noch für eine ganze Weile ja in hervorragendem Maße miteinander verknüpft, so lange wenigstens, wie die beruflichen Pflichten sich mit den häuslichen, später sicher auch elterlichen Pflichten vertragen. Wir freuen uns über diese Entwicklung sehr herzlich mit Ihnen.

Als Zeichen der Verbundenheit mit zwei beliebten und anerkannten Mitarbeitern möchte die Firmenleitung Ihnen heute mit diesem Präsentkorb eine kleine Freude bereiten und die Anlaufphase eines »ersten Haushaltsjahres« erleichtern und verschönern helfen. Die ausgesuchten Spezialitäten unserer Heimat sollen zudem Ihnen, liebe Frau Maurer, auch von dieser Seite noch einmal nachdrücklich unter Beweis stellen, wie gut es sich hier leben läßt und daß Ihre Entscheidung, hierher zu kommen, sich als eine im wahrsten Sinne glückliche Entscheidung herausgestellt hat.

Wir wünschen Ihnen, liebe Familie Maurer, ein Leben voll Glück, Gesundheit und Zufriedenheit. Möge der heutige Start in ein gemeinsames Leben Ihnen dabei helfen, möglichst alle Hoffnungen und Träume zu verwirklichen.

Ein Mitarbeiter gratuliert dem Chef

Sehr geehrter Herr Meister,
sehr verehrte gnädige Frau,
alle Mitarbeiter des Meister-Studios und der angeschlossenen Werkstätten wollen ihrem Chef und seiner Frau Gemahlin zur heutigen Vermählung die besten Wünsche übermitteln. Sie haben mich zu ihrem Sendboten bestimmt, der Grüße und Geschenk überbringen soll. Dieser ehrenvollen Aufgabe will ich gerne nachkommen.

Ihnen sehr geehrter Herr Meister, und Ihnen, sehr verehrte gnädige Frau, gelten die herzlichen Glückwünsche zum heutigen Hochzeitsfest. Wir wünschen Ihnen für Ihre gemeinsame Zukunft Glück, Zufriedenheit und Gesundheit.

Wir haben uns lange überlegt, mit was wir Ihnen eine kleine Freude bereiten und gleichzeitig die enge Verbundenheit unterstreichen könnten, die Firmenleitung und Mitarbeiter in unserem Betrieb in so hervorragendem Maße auszeichnen. Die Wahl fiel schließlich auf diese schöne alte Kaminuhr, die ich Ihnen hiermit im Namen aller Kolleginnen und Kollegen überreichen darf. Sie möge Ihnen nur glückliche Stunden schlagen. Ihnen, Herr Meister, soll sie dabei helfen, das Verhältnis zwischen Arbeitszeit und Freizeit so neu zu ordnen, daß die Firma zwar stets zu ihrem Recht, die Familie aber nie zu kurz kommt. Insofern, sehr geehrte Frau Meister, hoffen wir, mit unserer Hochzeitsgabe auch Ihren »Geschmack« getroffen zu haben.

Diese schöne alte Uhr zeigt aber noch etwas anderes: Sie zeigt, daß gediegenes Handwerk in Verbindung mit einfallsreichem Geschmack Zeiten und Moden überdauert. Und eben das ist ja auch in unserem Betrieb oberstes Leitziel. Und daß Sie, sehr geehrte Frau Meister, Ihren Gatten künftig hierbei mit allen Kräften unterstützen wollen, haben wir mit großer Freude vernommen. Seien Sie gewiß, daß alle Mitarbeiter Sie dabei stets voll unterstützen werden.

Noch einmal unsere besten Wünsche zu Ihrer heutigen Vermählung!

Ein Vereinskamerad spricht

Lieber Arnulf,
liebes Dorle,
Ihr habt heute morgen den Bund fürs Leben geschlossen. Die Sportkameraden vom FC Nierstein wollen ihrem langjährigen Spielmacher und seiner lieben jungen Frau für diesen schönen Tag alles Liebe und Gute wünschen.

Wir freuen uns aus doppeltem Grund mit Euch. Einmal sind wir froh, daß man Euch so augenfällig ansehen kann, daß Ihr Euer Glück gefunden habt. Zum zweiten hoffen wir, daß nach den von uns noch großzügig zugegebenen Flitterwochen das Leben in unserer Mannschaft wieder in seinen normalen Gang kommt. Daß also Arnulf wieder mit etwas mehr Trainingseifer bei der Sache ist und Dorle wieder wie früher unseren treuen Zuschauerstamm verstärken und die Mannschaft anfeuern hilft. Beides ist notwendig, damit wir bis zum Saisonende das gesteckte Ziel nicht völlig aus den Augen verlieren.

Heute aber wird noch einmal tüchtig gefeiert, so, wie es sich für einen solchen Tag gehört. Deshalb gilt auch heute für die Mannschaft ausnahmsweise kein Alkoholverbot. Aber nur deswegen, damit wir mit unserem Brautpaar zünftig auf eine glückliche und zufriedene Zukunft anstoßen können. Unser Brautpaar, unser Arnulf und seine Dorle, sie leben hoch, dreimal hoch – Prosit!

Ein Nachbar spricht

Liebe Familie Lichtenberg,
es entspricht gutem altem Brauch in der Regerstraße, neu einziehenden Nachbarn mit Brot und Salz ein herzliches Willkommen zu bereiten. Brot und Salz zugleich auch einem neuvermählten Paar zu überreichen, bedeutet darüber hinaus den Wunsch, daß im jungen Haushalt nie Not herrschen und stets Glück und Geborgenheit darin wohnen möge.

So begrüßen wir als die Alteingesessenen Sie, liebe Familie Lichtenberg, nicht nur herzlich als neue Nachbarn hier im neuen Heim, sondern verbinden diesen Willkommensgruß mit allen guten Wünschen zum heutigen Hochzeitsfest. Als kleine Aufmerksamkeit darf ich Ihnen im Namen aller Nachbarn diese Blumenschale überreichen. Sie soll Ihnen in dieser kalten Jahreszeit ein Stückchen Frühling ins Haus bringen. Noch einmal herzlich willkommen in der neuen Umgebung. Wir wünschen Ihnen einen guten Start.

Der Bräutigam antwortet (I)

Liebe Eltern und Großeltern,
liebe Freunde,
verehrte Gäste,
Gaby und ich sind fast erschlagen von all den netten Worten, guten Wünschen und schönen Geschenken. Man weiß ja kaum noch, wo man überall zuerst hinhören und hinsehen soll, damit nach Möglichkeit auch ja nichts an Eindrücken von diesem schönen Tag verlorengeht. Alles überstürzt sich ein wenig, und hinzu kommen die Aufregung und Nervosität, weil man ja schließlich nicht alle Tage heiratet.

Trotzdem sollen aber die Gastgeberpflichten nicht vernachlässigt werden. Und dazu gehört zunächst einmal, daß wir Euch allen ganz, ganz herzlich danken wollen, daß Ihr uns dabei geholfen habt, diesen Tag für uns so unvergeßlich zu gestalten. Das fing schon mit dem Spalier vor der Kirche an und den gut ausgedachten Bewährungsproben, die Ihr den Neulingen im Ehestand auferlegt habt. Das geht weiter über die wirklich hübsch geschmückten Autos im Hochzeitskonvoi, wobei ich mir kaum vorstellen kann, daß bei dieser lauten Huperei überhaupt noch jemand uns hätte übersehen, ganz sicher aber nicht überhören können. Der Blumenschmuck und die Girlanden an der Haustür, die sich die Mütter ausgedacht haben, waren für uns eine ebenso nette Überraschung wie der Willkommensgruß der Nachbarn, den Herr Struck so herzlich überbrachte.

Wir danken allen Festrednern, vor allem unserer lieben Oma Hildegard, auch wenn wir ihr den Herzenswunsch nach einem Enkel doch nicht so schnell werden erfüllen können. Aber, liebe Oma, auch hier gilt halt wie überall: Gut Ding will eben Weile haben. Also nicht ungeduldig werden, Gaby und ich werden Dich schon nicht enttäuschen.

Vielen Dank auch den Kollegen und den Sportkameraden für die guten Wünsche und die schönen Geschenke. Ihr habt Euch wirklich alle etwas einfallen lassen, und wir wissen gar nicht, wie wir Euch dafür danken sollen. Wahrscheinlich habe ich jetzt doch noch einiges vergessen, was ich eigentlich noch sagen wollte. Bitte nehmt es mir nicht übel und seid doch ein wenig geduldig mit einem streßgeplagten Hochzeiter.

Gaby und ich danken Euch für alles, besonders aber auch, daß Ihr alle Euch die Zeit genommen habt, uns an diesem Tage zu begleiten und mit uns zu feiern. Dieses Glas trinken Gaby und ich auf Euer Wohl, noch einmal herzlichen Dank und willkommen auf unserem Fest.

Der Bräutigam antwortet (II)

Verehrte Gäste,
liebe Freunde,
zugleich im Namen meiner Frau darf ich mich sehr herzlich dafür bedanken, daß Sie der Einladung zu unserem kleinen Hochzeitsempfang gefolgt sind. Dank auch für die vielen Glückwünsche, die schönen Geschenke und die netten Aufmerksamkeiten, die Sie uns zugedacht haben. Wir haben uns darüber sehr gefreut.

Wir möchten Sie herzlich einladen, mit uns ein paar vergnügte Stunden zu feiern. Wie Sie sehen, haben sich die Verantwortlichen des »Fürstenhofes« ja wirklich etwas einfallen lassen; das kalte Büfett, was ich hiermit eröffne, ist schon eine reine Augenweide. Wir hoffen, daß es auch Ihren Beifall findet. Meine Frau und ich möchten mit diesem ersten Begrüßungsschluck Ihnen ein herzliches Willkommen zurufen. Danke für Ihr Kommen. Auf Ihr Wohl!

Die Braut antwortet

Liebe Eltern,
liebe Freunde,
möglicherweise erscheint es dem einen oder anderen doch etwas ungewohnt, wenn auch die frischgebackene Braut bei dieser Gelegenheit das Wort ergreift. Wenn dem tatsächlich so wäre, dann ist meine Rede natürlich

um so notwendiger, damit erst gar nicht falsche Vorstellungen über Rollenverteilungen entstehen können. Christoph und ich sind uns jedenfalls einig, daß es bei uns so etwas nicht geben soll. Wobei ich gerne neidlos zugestehen will, daß sein rhetorisches Talent besonders ausgeprägt ist. Denn schließlich bin ich seinen Überredungskünsten ja erlegen.

Ich will die Gelegenheit nutzen, um Euch allen von Herzen zu danken für die guten Wünsche und schönen Geschenke. Was mich aber am meisten beeindruckt hat, sind die tollen Reden, die Ihr Euch habt einfallen lassen. Das hat doch unserer Feier erst den richtigen Pfiff gegeben, findet Ihr nicht auch?

Ganz sicher mit den Vogel abgeschossen hat dabei Anja. Liebe Freundin Anja, ich kenne Dich nun schon seit so vielen Jahren.Mir ist eigentlich in den letzten eineinhalb Jahren aber gar nicht richtig zum Bewußtsein gekommen, daß Christoph und ich an Deine Freundschaft, an Dein Verständnis und Deine Rücksicht doch oft recht große Ansprüche gestellt haben. Aber ich hoffe doch – und fühle mich Gott sei Dank auch durch Deine Worte wieder sicher –, daß wir Deine Geduld hier nicht allzuoft über Gebühr strapaziert haben. Und wenn es doch einmal passiert sein sollte, laß es geschehen und vergessen sein. Daß unsere Freundschaft auch diese Belastungen und Bewährungsproben überstanden hat, soll an diesem Tag mit besonderem Stolz angemerkt werden. Und daß sie auch weiterhin fest und unverbrüchlich bestehen möge, ist nicht nur mein, sondern auch Christophs herzlicher Wunsch.

Verzeiht mir, Ihr vielen lieben anderen Freunde und Gäste, wenn Ihr bisher in meiner Rede zu kurz gekommen sein solltet. Dies lag nicht in meiner Absicht. Ich will auch gleich versuchen, es wieder gutzumachen, indem ich dieses Glas ganz speziell auf Euer Wohl erhebe. Herzlichen Dank für alles, womit Ihr unseren Hochzeitstag so denkwürdig gestaltet habt. Es wird ganz sicher ein unvergeßlicher Tag für uns bleiben. Greift tüchtig zu bei dem, was Küche und Keller bieten und tut Hausherrn und Hausfrau keine Schande an. Auf Euer Wohl und Prost, Ihr Lieben!

Jahrestage der Hochzeit

Reden zum 1. Hochzeitstag (baumwollene Hochzeit)

Ein Freund des Hauses spricht

Liebe Gaby,
lieber Günter,
vor genau einem Jahr haben wir mit Euch zusammen Euer Hochzeitsfest gefeiert. Ich kann mich noch gut an alle die guten Wünsche und Reden erinnern, die Ihr Armen damals über Euch habt ergehen lassen müssen. Warum soll es Euch also am 1. Jahrestag besser gehen, haben wir uns im Freundeskreis gefragt und beschlossen, den Tag der baumwollenen Hochzeit mit Euch zu feiern.

Woher dieser Name eigentlich kommt, weiß ich nicht genau. An diesem Tage will es der Brauch, habe ich mir sagen lassen, daß »Baumwollenes« geschenkt wird. In früheren Zeiten also etwas Praktisches. Diesen schönen Brauch wollen wir wieder aufleben lassen. Wir haben zusammengelegt und für Euch diese Tischdecke aus Baumwolle erstanden. Dabei haben wir uns natürlich auch etwas gedacht.

Seit Ihr verheiratet seid und in dieser schönen Wohnung wohnt, seid Ihr so langsam zum allgemeinen Treffpunkt geworden. Beliebter

Treffpunkt im Freundeskreis auf Eurem Balkon, bei Schmalzbrot und Apfelwein. Und für diese wunderschönen, unvergeßlichen sommerlichen Gesprächsstunden auf dem Balkon und die winterlichen im Wohnzimmer soll diese Baumwolldecke eine zusätzliche Zier werden. Nehmt dieses kleine Geschenk als Dank von uns allen für stets herzliche Gastfreundschaft entgegen.

Die Tatsache, daß man sich eben bei Gaby und Günter trifft, sagt aber noch etwas anderes aus, was wert ist, an Eurem 1. Hochzeitstag gebührend hervorgehoben zu werden.

Das Beispiel Eurer Partnerschaft, das wir als Eure Freunde ja aus nächster Nähe miterleben, hat uns allen gutgetan, einige sogar ein wenig beflügelt und angesteckt. Um bei der Wahrheit zu bleiben, will nun keiner heute behaupten, daß Eure Flitterwochen ungetrübt die 365 Tage des abgelaufenen Jahres angedauert hätten. Nein, was uns viel mehr imponiert hat, ist die Tatsache, wie Ihr mit den Problemen des Alltags fertig geworden seid. Vom ersten dicken Ehekrach – wißt Ihr noch, ausgerechnet wegen der Sportschau im Fernsehen? – bis hin zu den kleinen Frustrationen, die der Tagesablauf halt so mit sich bringt. Uns hat gefallen, daß Ihr es stets verstanden habt, das Kriegsbeil wieder zu begraben, bevor es ernsthafte Verwundungen gab. Und uns hat gefallen, daß Ihr für Euren Freundeskreis immer noch genügend Zeit übrig gehabt habt, trotz der vielen Startschwierigkeiten, die es in einem jungen Hausstand ja immer gibt.

Ein Jahr ist vorbei, und die Bilanz kann sich sehen lassen, meinen wir als Eure Weggefährten. Das ist gut, wenn man eine solche Feststellung ohne Vorbehalte treffen kann. Und daß das auch so bleibt, wünschen und hoffen wir mit Euch am 1. Jahrestag Eurer Hochzeit.

Da an einem solchen Tag der alte Brauch ja praktische Geschenke vorschreibt, wollen wir noch ein weiteres Geschenk auspacken. In jedem der Kartons sind 12 Flaschen Wein. Ein Karton für das abgelaufene Jahr und jeweils eine Flasche pro Monat. Und einen Karton als Vorschuß für das kommende Jahr, auch eine Flasche pro Monat. Dies ist unser Geschenk für Euch beide. Den 3. Karton schließlich wollen wir heute abend in Angriff nehmen. Wir haben Grund genug zum Feiern. Auf eine weiterhin glückliche Zukunft wollen wir mit Euch, liebe Gaby, lieber Günter, heute abend im vertrauten Kreise kräftig anstoßen.

Der Schwiegervater spricht

Liebe Kinder,
liebe Gäste,
heute ist genau ein Jahr vergangen, seit sich Stefanie und Stefan das Jawort gegeben haben. Alle die vielen guten Wünsche und Worte vom damaligen Hochzeitsfest sind uns noch in sehr lebendiger Erinnerung. In diesem abgelaufenen Jahr mußte sich also im Alltag erproben und bewähren, was man sich so alles von einem gemeinsamen Leben erhofft und erträumt hat.

Wenn wir Euch, liebe Stefanie und lieber Stefan, heute so anschauen, so ist es Euch doch offenbar gelungen, diese Zeit der Bewährung ganz bravourös zu bestehen. Und so startet Ihr heute schon in Euer 2. Ehejahr – schon gewitzter durch so manche Erfahrungen aus dem ersten – aber immer in der zunehmenden Gewißheit, daß die früher getroffene Entscheidung füreinander eine richtige Entscheidung gewesen ist.

Eine solche Feststellung ist gar nicht so selbstverständlich, wie sie sich vielleicht jetzt anhören mag. Ihr muß ständig vorausgehen das ehrliche Bemühen beider Partner, diese Zweierbeziehung zu hüten und zu pflegen, manchmal sogar auch um sie zu kämpfen. Aber wir, Eure Eltern und die ganze große Familie, sind mit Euch optimistisch, daß Ihr auch künftig alle Sorgen, Nöte und Krisen werdet meistern können.

Dieses 1. Jahr hat Euch noch enger zusammengeführt, und Ihr werdet erleben, daß dieses Gefühl der Zusammengehörigkeit und der Verantwortlichkeit für den Partner und die schöne Gewißheit, ein Leben besser gemeinsam gestalten zu können, immer noch wächst. Ein Etappenziel auf einem hoffentlich langen und glücklichen gemeinsamen Lebensweg habt Ihr heute sicher und erfolgreich erreicht.

Damit Ihr das nächste ebenso sicher ansteuern könnt, mit aller Strampelei auch immer vorwärts kommt und nicht auf der Stelle zu treten braucht, haben wir für den heutigen 1. Jahrestag Eurer Hochzeit uns etwas Praktisches und zugleich Nützliches ausgedacht und zwei Fahrräder gekauft. Wir wissen ja, daß Ihr sie Euch schon lange gewünscht habt, daß aber stets noch ein paar wichtigere Anschaffungen für den Haushalt notwendig waren.

Wir wünschen Euch heute von Herzen eine stets gute und sichere Fahrt und daß niemals Unklarheiten über das gemeinsame Ziel und die Wege dorthin entstehen.

Liebe Stefanie,
lieber Stefan,
zum heutigen 1. Hochzeitstag wünschen wir Euch alles Liebe und Gute.

Der Bruder der Braut spricht

Liebe Gaby,
lieber Günter,
vor einem Jahr haben wir das junge Brautpaar zur Kirche und zum Standesamt begleitet. Wir haben miterlebt, wie Ihr mit etwas Nervosität und Ungeduld, aber auch mit viel Zuversicht in Euer gemeinsames Leben gestartet seid. Wie halt so jeder Aufbruch in eine neue, aber noch unbekannte Zukunft gleichermaßen mit Hoffen und Bangen geschieht.

Nun habt Ihr Euer 1. Ehejahr hinter Euch gebracht. Ich weiß ja nicht genau, welche Träume übertroffen und welche Hoffnungen enttäuscht worden sind. Insgesamt aber haben wir alle, die wir Euch auf Eurem Weg ja immer ein Stückchen begleiten, den Eindruck, daß die Bilanz des 1. Jahres doch mit einem außerordentlich positiven Ergebnis abschließt.

Ihr habt es geschafft, Berufliches und Persönliches so aufeinander abzustimmen, daß keines von beiden zu kurz gekommen ist. Ihr habt Euch Eure Wohnung so liebevoll und so geschmackvoll eingerichtet, daß alle Freunde und Bekannte die behagliche Atmosphäre kennen und schätzen gelernt haben und stets gerne wiederkommen. Ihr habt es verstanden, das Leben in der Familie, der Verwandtschaft und im Freundes- und Bekanntenkreis mit neuen zusätzlichen Akzenten zu versehen, ohne daß Eure eigene Beziehung darunter hätte leiden müssen. Hierüber freuen wir uns heute mit Euch.

Zu oft haben wir nämlich in den vergangenen Jahren in unserer näheren Umgebung miterleben müssen, wie Beziehungen sich eingetrübt haben oder sogar zerstört worden sind, weil Alltagstrott, Routine oder Gleichgültigkeit stärker waren als das Gemeinsame, das Verbindende. Ganz anders bei Euch. Hier hat man nie das Gefühl, daß Langeweile oder Gleichgültigkeit die Oberhand gewinnen könnten. Nein, bei Euch beiden spürt man, daß Ihr Euch täglich neu um Euren Partner und Eure Umwelt bemüht. Und nur dies ist auch der einzig richtige Weg, sie auch für die Zukunft zu bewahren.

Zum heutigen 1. Hochzeitstag wünsche ich Euch beiden soviel Glück für die kommende Zeit, wie Ihr braucht, um alle die großen und kleinen Probleme erfolgreich zu lösen. Als Erinnerung an den schönen Tag vor einem Jahr haben Bärbel und ich Euch ein Album zusammengestellt mit Aufnahmen von damals, die Ihr ganz sicher noch nicht gesehen habt. Am Zustandekommen dieses Dokuments haben alle wacker mitgeholfen, die damals dabei waren. Die Texte und Kommentare hat Christian, wie er selbst sagt, leicht und locker gestrickt. Auf diese Art ist zwar mancher loser Spruch entstanden – Ihr kennt ja sein Mundwerk – aber insgesamt betrachtet, eröffnet sich hier manche neue komische Perspektive. Wir hoffen jedenfalls, daß Ihr an unserem Gemeinschaftswerk viel Freude habt und wünschen Euch von ganzem Herzen einen guten Start in Euer »Zweites«.

Der junge Ehemann antwortet

Liebe Eltern und Freunde,
schon wieder ein Jahr vorbei und doch ist alles fast so, als sei es erst letzte Woche gewesen. Ein gutes Zeichen, daß die Erinnerung noch so frisch ist, oder ein schlechtes Zeichen, daß die Zeit einem so schnell unter den Fingern zerrinnt?

Nehmen wir es als ein gutes Zeichen, wie Gaby und ich es als ein gutes Zeichen ansehen, daß wir heute im gleichen Kreise noch genauso fröhlich, gesund und munter feiern können wie im vergangenen Jahr.

Es war ein schönes Jahr, und es war ein gutes Jahr. Für uns beide, die wir es gemeinsam begonnen haben, und Gott sei Dank auch für

Euch, die Ihr uns auf diesem Wege stets liebevoll und hilfsbereit begleitet habt. Wir haben vieles erlebt, und insgesamt betrachtet ging es immer gut aus. Gibt es eigentlich noch eine bessere Bilanz?

Ich glaube nein. Vor allem dann nicht, wenn auch andere diese Meinung teilen. Denn sonst könnte man ja auch in eigener Überschätzung möglicherweise zu einem falschen Urteil kommen, weil man sich viel zuviel mit sich selbst beschäftigt hat. Es tut gut, zu hören, daß uns das erspart geblieben ist. Eine ganz, ganz wichtige Voraussetzung dafür war aber, daß der gute und vertrauensvolle Kontakt zwischen uns allen die Belastungen dieses Jahres besser zu überwinden half.

Gaby und mir jedenfalls hat dies immer sehr geholfen und deshalb wollen wir Euch heute dafür danken: für ein Jahr treue Freundschaft, ehrliche Hilfsbereitschaft und kritisches Verständnis.

Wenn wir beide nun unser Glas erheben und mit Euch auf eine glückliche Zukunft anstoßen, so wünschen wir uns, daß wir in dieser vertrauten Runde noch viele schöne Feste werden zusammen feiern können. Auf Euer Wohl, Prosit!

Reden zum 5. Hochzeitstag (hölzerne Hochzeit)

Ein Vater spricht

Liebe Ursula,
lieber Jürgen,
heute feiert Ihr schon Euer 5. Ehejubiläum. Kinder, wie die Zeit vergeht!

Im Geiste sehe ich uns noch alle vor der Kapernaumkirche stehen, am kalten, aber doch sonnigen Freitagmorgen im März vor fünf Jahren, halb durchgefroren, wartend auf den Fotografen, der sich natürlich verspätet hatte.

Heute, fünf Jahre später, sitzen wir hier gemütlich in Eurem Wohnzimmer und feiern Eure hölzerne Hochzeit. Unser Kreis hat sich in sehr erfreulichem Maße vergrößert: Tina geht nun schon in den Kindergarten, und Euer zweites Kind soll ja wohl noch ein Mai-Junge werden. Das will heißen, daß Ihr in diesen Tagen sicher kaum Zeit habt, über die vergangenen fünf Jahre nachzudenken, so viel Neues und Schönes steht Euch ja unmittelbar bevor. Laßt mich daher für Euch ein wenig in der noch nicht so dicken Familienchronik zurückblättern.

Nach Eurer Hochzeit habt Ihr beiden noch über ein Jahr hart gearbeitet, bis alles so eingerichtet war, wir Ihr Euch es vorgestellt hattet. Dann wurde Tina geboren, die uns seitdem alle in Atem gehalten hat mit ihren Einfällen und ihrem Temperament. Du, liebe Ursula, hast dann auch Deinen Beruf an den Nagel gehängt, weil Familie und Haushalt voll zu ihrem Recht kommen sollten. Wir alle wissen, daß Dir dieser Entschluß sehr schwergefallen ist und daß es Euch auch so manches Opfer abverlangt hat.

Um so mehr haben wir uns gefreut, als wir im vergangenen Jahr erfahren haben, daß Ihr Euer zweites Kind erwartet. Denn sonst wäre es für Dich ja wieder möglich gewesen, zu arbeiten, als Tina aus dem Gröbsten war und in den Kindergarten kam. Wir haben Euch da nie hineingeredet, aber Ihr sollt wissen, daß wir Eure Entscheidung für ein zweites Kind richtig gefunden haben und alles nur Menschenmögliche auch von uns aus dazu tun wollen, damit Ihr diesen Entschluß nie zu bereuen braucht.

Unsere Familie hat sich also in den vergangenen fünf Jahren in ganz erfreulichem Ausmaß vergrößert. Zuerst bist Du, lieber Jürgen, als Sohn dazugekommen, dann Tina, unser erstes Enkelkind, und nun wird das zweite Enkelkind bereits sehnlichst erwartet. Dies hat vor allem für Euch beide eine Reihe von Veränderungen gebracht. Aus dem kleinen Zwei-Personen-Haushalt wird nun bald ein Haushalt mit »Vieren«. Zwei Kinder werden noch mehr Zeit von Euch verlangen und noch mehr Opfer. Aber wer Euch zusammen mit Tina erlebt, weiß, daß Ihr beides gerne gebt. Und ganz offensichtlich bekommt das allen bestens.

Am heutigen Tage, an dem sich Euer Hochzeitstag zum fünften Male jährt, seid ihr bereits ein gutes Stück auf Eurem gemeinsamen Lebensweg miteinander gegangen. Eure Partnerschaft hat sich als beständig erwiesen, und dies ist auch der tiefere Sinn des »hölzernen« Hochzeitstages. An diesem Hochzeitstag feiert man das Beständige, wie es Hölzernes und Geschnitztes von altersher eben verkörpert.

Wir wollen diesem Symbol auch mit unserem Geschenk Ausdruck verleihen. Diese schöne alte Kinderwiege haben wir bei einem Trödler entdeckt und wieder aufarbeiten lassen. Ihre alte Geschichte kennen wir nicht. Aber ihre neue soll in Eurer Familie beginnen. Euch beiden und der kleinen Tina wünschen wir am heutigen Tag alles Liebe für eine glückliche Zukunft.

Ein Freund der Familie spricht

Liebe Freunde,
verehrte Gäste,
heute feiern wir mit Jürgen und Ursula ihren 5. Hochzeitstag. Gelegenheit für alle Freunde des Hauses, dem noch jungen Jubelpaar ein paar gutgemeinte Worte mit auf den Weg zu geben.

Ihr habt Euch, wie wir Euch gerne bestätigen, tüchtig und ordentlich zusammengerauft. So, wie es sich gehört. Die Anfangsstürme haben sich gelegt, und Euer Boot bewegt sich nun in dem ruhigeren Fahrwasser, wie es sich erfahrene Seeleute nicht besser aussuchen könnten. Das soll aber weiß Gott nicht heißen, daß es nun überhaupt nichts Aufregendes mehr bei Euch gibt. Das kann man wirklich nicht sagen, wenn ich beispielsweise daran denke, was los war, als Jürgen im Tennisclub auch noch die Aufgabe des stellvertretenden Vorsitzenden übernehmen wollte. Aber Schwamm drüber. Irgendwie habt Ihr doch immer wieder die Kurve gekriegt, wenn auch manchmal nur noch mit quietschenden Reifen. Hauptsache aber, daß man dort auch ankommt, wohin vor Reiseantritt gemeinsam das Ziel gelegt worden ist.

Heute ist 5. Jahrestag, also hölzerne Hochzeit. Wir meinten, ein gedrechselter Kerzenleuchter wäre daher ein passendes Geschenk. Möge er Euch immer in den besinnlichen und nachdenklichen Stunden ausreichend Licht für die Suche nach dem richtigen Weg geben.

Wir, Eure Freunde, gratulieren Euch am heutigen Hochzeitstag sehr herzlich. Wir danken Euch für die vielen Stunden, die wir zusammen verlebt haben, und die herzliche Gastfreundschaft, die Ihr Euren Freunden immer wieder gerne unter Beweis stellt. Glück und Gesundheit wünschen wir Euch ganz besonders für die nächsten zwei Jahre, damit Ihr auch das verflixte 7. Jahr mit ähnlich erfolgreichem Schwung hinter Euch bringt wie die gewiß nicht immer so leichten Anfangsjahre.

Liebe Eltern,
liebe Freunde,
Ursula und ich – natürlich auch Tina – wollen Euch sehr herzlich danken für die vielen lieben Worte, die Ihr Euch für unsere hölzerne Hochzeit ausgedacht habt. Wir haben die guten Wünsche ebenso entgegengenommen wie die versteckten Anspielungen, auf die der gute Frank wie immer auch dieses Mal nicht verzichten wollte. Aber wir wissen ja, wie er's meint.

Fünf Jahre sind eine mächtig lange Zeit. Aus den jungen ungeduldigen »Hochzeitern« sind »erfahrene Eheleute« geworden, die an Hand einiger schmerzhafter Beulen relativ schnell gelernt haben, daß es gar nicht so einfach ist, mit dem Kopf zuerst durch die Wand zu rennen. Dieser Lernprozeß hat zweifellos sein Gutes. Denn er verhilft dazu, vor allen Dingen jene Zeit nutzbringender anzuwenden, die früher für mehr oder weniger fruchtbare Auseinandersetzungen oder Positionskämpfe draufgegangen ist. Und diese Zeit braucht man ja nicht nur für den Nachwuchs, der ganz nachdrücklich seine Rechte fordert, sondern auch für den Partner und sich selbst. Denn man stellt sehr schnell fest, daß man längst nicht alles voneinander weiß, selbst wenn man schon so lange zusammenlebt, wie zum Beispiel wir beide. Ansichten, Meinungen und Standpunkte ändern sich eben, Gott sei Dank ist das so. Denn sonst wäre das Zusammenleben sehr schnell nur noch von Routine regiert.

Dieses ständige Gespräch und der Meinungsaustausch mit dem Partner, auch das Infragestellen eigener Meinungen, ist Grundvoraussetzung dafür, daß sich eine Partnerschaft weiterentwickelt und auch langfristig eine Chance hat. Fünf Jahre, meinen wir, sind da schon eine ganz gute Startbasis. Und deshalb verstehen wir Franks hintersinnige Bemerkung über das Zusammenraufen eigentlich auch als Kompliment. Und dieses Kompliment will ich denn auch artig weiterreichen.

Ursula und ich danken Euch allen für fünf Jahre gute und verständnisvolle Freundschaft. So manches Mal habt Ihr uns mit Rat und Tat aus schwierigen Situationen geholfen und uns wieder aufgemuntert, wenn uns die täglichen Probleme über den Kopf gewachsen waren.

Danken wollen wir am heutigen Jubiläumstag auch unseren Eltern. Sie sind immer da, wenn sie gebraucht werden. Und dies ist die beste Beruhigung für Kinder, auch wenn sie selbst schon Eltern sind.

Grund genug also für uns alle, zufrieden zurückzuschauen und der Zukunft optimistisch entgegenzusehen. Dies wird in Anbetracht der »besonderen Umstände« ein ruhigeres Fest, als Ihr es sonst wahrscheinlich von hier gewohnt seid. Und daß Ursula aus den gleichen Gründen sich lieber an Fruchtsaft hält, hindert uns aber nicht, unser Glas auf Euer ganz spezielles Wohl zu leeren.

Reden zum 7. Hochzeitstag (kupferne Hochzeit)

Der Schwager spricht

Liebe Ingrid,
lieber Harald,
wenn ich mich recht erinnere, dann gab es vor einigen Jahren einen Film »Das verflixte 7. Jahr«. In dieser Hollywoodkomödie gab es allerhand Verwicklungen um ein Paar, das dann aber schließlich »happy-endlich« zusammenblieb. Nicht nur seit dieser Zeit geistert der Aberglaube von dem ach so schwierigen 7. Ehejahr durch die Erzählungen, und es soll sogar Statistiker geben, die den Versuch unternommen haben, jene Theorie, wonach es ausgerechnet im 7. Jahr besonders »krisele«, an Hand der Ehescheidungszahlen zu untermauern.

Wie dem auch sei: Ihr jedenfalls habt dieses angeblich so schwierige und gefährliche, kurz eben das verflixte 7. Jahr, ebensogut überstanden wie die vorausgegangenen. Vielleicht ging es dabei nicht immer so komisch und turbulent zu wie in dem alten Hollywoodfilm. Und sicher haben sich die Probleme und Krisen nicht nur auf das 7. Jahr konzentriert. Aber Hauptsache, Ihr habt es bis hierher geschafft.

Wenn Ihr zurückschaut, dann werdet Ihr vielleicht mit etwas Bedauern festgestellt haben, daß sich der Überschwang und der Höhenflug der Gedanken und Gefühle etwas gelegt haben mögen. An ihre Stelle getreten ist aber eine andere Qualität des Zusammenlebens, die nicht weniger wichtig oder weniger wertvoll ist und die man mit den Worten Vertrauen, Beständigkeit, Verläßlichkeit umschreiben könnte.

Im Zusammenleben haben sich auch die Akzente ein wenig verschoben. Mehr im Vordergrund steht die Entwicklung der Kinder, ihre kleinen und großen Sorgen in der Schule und auf dem Spielplatz, in der Familie oder auf der Straße. Und durch die Kinder ändert und erweitert sich auch der Bekannten- und Freundeskreis. Die Interessen ändern sich, man sucht und findet neue Schwerpunkte, setzt Gewichte anders. Kurz, beide Partner müssen sich der neuen Lage anpassen. Das ist nicht immer einfach, und möglicherweise meint das der Volksmund im tieferen Kern, wenn er vom verflixten 7. Jahr spricht.

Ihr beiden, das darf ich als Bruder und Schwager heute sagen, habt Euch diesen Entwicklungen gestellt. Ecken und Kanten sind ein wenig abgeschliffen, aber die Gesamtkonturen sind dabei sehr viel deutlicher geworden. Ich will damit sagen, daß Eure Persönlichkeit mit den gestiegenen Aufgaben und Anforderungen gewachsen ist und für uns alle erkennbar Eure Partnerschaft noch gefestigter. So habt Ihr am heutigen 7. Hochzeitsjubiläum allen Grund, stolz und glücklich auf die vergangenen Jahre zurückzublicken und optimistisch in die Zukunft zu sehen. Wir, die ganze Familie und alle Freunde, wünschen Euch Glück.

Am kupfernen Hochzeitstag, so will es der alte Brauch, schenkt man sich Kupferpfennige als Unterpfand des Glücks. Dieses kleine Säckchen voll funkelnagelneuer Pfennige wollen wir dazulegen mit allen guten Wünschen für Euch beide.

Liebe Ingrid, lieber Harald,
laßt Euch nicht unterkriegen! Eure Entscheidung füreinander war der Grundstock für ein geradezu wohltuendes Beispiel eines intakten Familienlebens. Hegt und pflegt es weiter wie in den vergangenen sieben Jahren.

Ein Arbeitskollege spricht

Liebe Ingrid,
lieber Harald,
auch von den Arbeitskollegen herzliche Glückwünsche zum heutigen Hochzeitstag. Wir haben uns über die Einladung sehr gefreut und sind gerne gekommen, um Euer Jubiläum mitzufeiern.

Ich finde es gut und richtig, daß man nicht verlernt, die menschlichen Kontakte auch über den Arbeitsplatz hinaus zu halten. Aus Erzählungen weiß man ja dies und das vom häuslichen Bereich des anderen. Man kennt die Ehepartner und die Kinder, das Auto, die Wohnung, weiß vom Hobby und der nächsten Urlaubsplanung.

Richtig kennen lernt man sich aber erst dann, wenn man miteinander feiert. Und ich finde, daß es viele unwichtigere Anlässe gibt, ein Fest zu feiern, als einen Hochzeitstag. Und dann noch einen mit einer magischen Zahl. Von der die einen meinen, sie bringe Glück, und die anderen, ab jetzt gingen die Probleme erst richtig los. Wenn man Euch beide so sieht, muß die Sieben unbedingt eine Glückszahl sein.

Und das erklärt womöglich auch ein Rätsel, was uns schon lange beschäftigt hat. Auch wenn es in der Firma drunter und drüber geht, Harald ist stets guter Dinge. Ganz offenbar bringt er von zu Hause immer soviel gute Laune, fröhliche Stimmung und Ausgeglichenheit mit, daß es für den Arbeitstag im Betrieb auch noch ausreicht. Und meistens für uns noch mit, wenn einem mal so richtig der Schädel brummt oder die Stimmung auf dem Nullpunkt steht, alles hinten und vorne schiefläuft oder der Chef sich wieder einmal grundlos aufgeregt hat. Und wenn es mit rechten Dingen zugehen würde, dann müßte die Firma bei Eurem heutigen Hochzeitstag als erster Gratulant auf der Matte stehen, weil ja das Betriebsklima unter anderem auch von Eurem Familienleben profitiert. Aber Spaß beiseite.

Deine Arbeitskameraden, lieber Harald, wünschen Dir und Deiner Frau zum heutigen Jubiläum alles Liebe und Gute. Bleibt so, wie Ihr seid und laßt Euch von Sorgen und Nöten des Alltags nicht unterkriegen. Diese Kupfervase soll Euch immer an Eure kupferne Hochzeit erinnern und an die Kollegen, die dieses schöne Fest heute mit Euch feiern können.

Reden zum 10. Hochzeitstag (Rosenhochzeit)

Die Schwester spricht

Lieber Herbert,
liebes Schwesterherz,
an diesem schönen Jubiläumstag sollen die Damen ausnahmsweise einmal nicht das letzte Wort haben, sondern das erste. Und es hat auch seinen ganz besonderen Grund, daß ich heute die Festrede halte. Denn schließlich bin ich es ja gewesen, die Euch beide vor nun fast 11 Jahren miteinander bekannt gemacht und damit den eigentlichen Grundstein für das heutige Jubiläum gelegt hat. Ohne mich kein Kennenlernen. Ohne Kennenlernen keine Hochzeit. Und ohne Hochzeit auch heute kein Fest.

Deshalb führt auch kein Weg an meiner Aufgabe als Festredner vorbei: Zunächst aber herzliche Gratulation zu Eurer Rosenhochzeit, lieber Herbert, liebe Rita, und alles Gute für eine weiterhin glückliche Zukunft zu zweit, pardon, ich meine natürlich zu dritt. Denn Eure Tochter Heike ist ja sozusagen von Anfang an dabei. Wenn es Heike damals nicht sehr eilig gehabt hätte, so will ich es heute mal umschreiben, hättet Ihr wahrscheinlich mit der Hochzeit noch etwas gewartet und wir eben natürlich entsprechend länger auf dieses schöne Fest. So ist alles ein wenig beschleunigt worden. Aber ich finde, es hat keinem geschadet.

Sicher war der Start am Anfang für Euch sehr viel schwieriger, weil der erwartete Nachwuchs ja alle ursprünglichen Planungen über den Haufen warf. Der eingeplante Zuverdienst fiel zum Beispiel eine Weile weg, und die notwendigen Anschaffungen konzentrierten sich zunächst eher auf Babyausstattung als auf Bequemlichkeiten im Haushalt. Aber dafür seid Ihr beide heute noch so schön jung und habt schon eine so große Tochter. Das hat ganz unbestreitbar seine Vorzüge. Denn einige der Probleme, die viele Eltern mit ihren Kindern haben, beruhen ja nicht zuletzt auf dem großen Altersunterschied, auf der Tatsache, daß Alt und Jung eine ganz verschiedene Sprache sprechen und deshalb oft aneinander vorbeireden. Diese Probleme gibt es bei Euch nicht. Genau wie Ihr zu Recht stolz auf Eure große Tochter seid, ist Heike stolz auf ihre jungen Eltern. Das könnt Ihr schon daran sehen, daß Eure Wohnung Anlaufstelle und beliebter Treffpunkt für Heikes Freundinnen ist. Dies ist auch ein Kompliment für Euch.

Lieber Herbert, liebe Rita, nun ist aus der Lobrede auf zwei eine Rede auf drei geworden. Aber ich glaube schon, daß Ihr mich richtig verstanden habt. Eure Schwester und Schwägerin wollte Euch damit nichts anderes sagen, als daß sie stolz ist auf Euer tolles Familienleben und froh, daß es nicht wie in vielen anderen Fällen bei einer Mußehe geblieben ist.

Ich wünsche Euch zu Eurem heutigen Jubiläumstag, Eurer Rosenhochzeit, viel Glück für das nächste Jahrzehnt. Und wenn Ihr nächstes Mal etwas geschickter plant, dann legt Heikes späteren Hochzeitstag mit Eurem zusammen. Vielleicht könntet Ihr dann eines Tages silberne und grüne Hochzeit zusammen feiern. Wie findet Ihr denn die Idee?

Der Rosenbräutigam antwortet

Liebe Else,
liebe Gäste,
ich wußte schon, daß Du etwas ganz Besonderes »in petto« hast, liebe Else, als Du vorhin so energiegeladen hier eingetreten bist. Daß es aber eine wirklich gelungene Festrede werden würde, hätte ich nie gedacht. Also Hut ab, Else, das war eine gelungene Überraschung und eine Bombenleistung. Du hast für Rita, Heike und mich so nette und lobende Worte gefunden, daß ich mich fast geniere, darauf noch etwas zu sagen. Muß ich aber doch, damit ich wenigstens das eine, einzige Mal das letzte Wort habe. Und dieses einzige Mal seit mir ganz besonders an meinem Jubiläums-Hochzeitstag gegönnt.

Ja, Du hast recht, Else, der Anfang war nicht leicht. Und vielleicht wäre manches auch für uns etwas einfacher geworden, wenn Heike es nicht so eilig gehabt hätte. Aber ob es ebenso aufregend, interessant und turbulent geworden wäre, wage ich zu bezweifeln! Denn damit war es auch nie langweilig. Und Langeweile, sagt man, ist der Feind jeder Liebe.

So betrachtet, sind die letzten 10 Jahre uns allen gut bekommen, und deshalb will ich Dir, liebe Rita, heute vor versammelter Mannschaft sagen, daß es in diesen 10 Jahren keinen Augenblick gegeben hat, in dem ich unseren Entschluß, gemeinsam zu leben, bedauert hätte. Ein größeres Kompliment, meine ich, kann ein Ehemann seiner Frau nach einer so langen Zeit wohl nicht mehr machen.

Komplimente mit Worten allein reichen aber heute nicht aus. Heike hat inzwischen, wie Du siehst, diesen herrlichen Rosenstrauß aus ihrem Zimmer herbeigezaubert. Eine Rosenhochzeit ohne Rosen, nicht auszudenken! Aber wir haben natürlich dabei etwas mogeln müssen. Für jedes Jahr nur eine Rose erschien uns nun doch zu wenig. Nun sind es fünfundzwanzig, in Anspielung an das nächste ganz große Jubiläum. Liebe Rita, heute feiern wir beide Rosenhochzeit, laß uns mit dem gleichen Elan auch die »Silberne« ansteuern.

Reden zum 15. Hochzeitstag (gläserne Hochzeit)

Der frühere Trauzeuge spricht

Liebe Ingrid,
lieber Jürgen,
werte Gäste,
nun ist es doch schon wieder ganze 15 Jahre her, daß wir gemeinsam erst zum Standesamt im alten Rathaus und von dort zur Marktkirche zogen. Ingrid und Jürgen, um sich vor Gott und der Welt einander zu versprechen, und ich, um dieses Bündnis als Zeuge zu unterschreiben. 15 Jahre sind es her, und doch kann ich mich an einige Einzelheiten sehr gut zurückerinnern. Wißt Ihr noch, daß das Harmonium bei einer ganz bestimmten Tonlage einen irren Pfeifton produzierte, so daß wir uns schon gar nicht mehr ansehen durften, um nicht lauthals loszuprusten?

Oder daß ausgerechnet, als Ingrid die Heiratsurkunde unterschreiben sollte, der Füller streikte? Beide Histörchen kann man nun im nachhinein gut deuten.

Die stille Heiterkeit ob der Tücke des Objekts hat zunächst einmal gezeigt, daß eine Hochzeit ja keine bierernste oder todtraurige Angelegenheit sein muß und eine Ehe sich meist unter den Vorzeichen weiterentwickelt, unter denen sie begonnen hat. Also: ich kann Euch heute als Euer alter Trauzeuge gerne bestätigen, daß Ihr Eure Ehe, Euer Versprechen immer ernstgenommen habt, ohne daß es dabei »traurig« zugegangen wäre.

Und zweitens hat die unfreiwillige zusätzliche Denkpause, die der streikende Füller erzwang, schon damals bestätigt, daß Euer Schritt wohlüberlegt war und nicht einer Gefühls- oder Augenblickslaune entsprang. Auch dieses hat Euer bisheriges gemeinsames Leben begleitet: trotz aller Zufälle oder spontanen Einfälle möglichst alles noch einmal durchzudenken, damit nichts schiefläuft.

Der 15. Hochzeitstag ist die gläserne Hochzeit. Man meint damit, klar, durchsichtig und offen sollen die Beziehungen zwischen Mann und Frau sein. Denn nur so sind die Voraussetzungen dafür gegeben, ein Leben ohne gegenseitiges Versteckspiel miteinander zu leben.

Das ist oft leichter gesagt als getan. Fordert es doch Mut, Ehrlichkeit und Vertrauen von beiden Partnern. Alles Eigenschaften und Züge, die einen unbequemen Weg verheißen. Ein Weg aber, der eindeutig, klar und ohne Umschweife zu dem gemeinsamen Ziel hinführt.

Auf diesem Weg habt Ihr beide wohl nun die schwierigsten Etappen erfolgreich hinter Euch gebracht. Etappen, auf denen es keinen Einzelstar, wohl aber einen Mannschaftssieger gab. Ich kann Euch heute nur von ganzem Herzen wünschen, daß Euer Team weiterhin festen Bestand hat und wie bisher erfolgreich vorankommt. So, wie ich Euch heute mit diesem Gläserset am Etappenziel der gläsernen

Hochzeit beglückwünschen darf, wünsche ich uns allen, daß wir auch den nächsten Zieleinlauf zusammen werden feiern können. Und darauf möchte ich nun mit Euch beiden mein Glas leeren, Prosit!

Der Ehemann antwortet

Lieber Gerhard,
liebe Freunde,
herzlich willkommen bei unserer heutigen Hochzeitsparty. Sie wird zwar jedes Jahr gefeiert, aber in diesem ist es ja ein besonderes Jubiläum. Deshalb wohl hat sich unser lieber Gerhard auch soviel Mühe mit seiner Festrede gegeben, und ich muß Dir neidlos zugestehen, daß Du mal wieder ein kleines Meisterwerk zustande gebracht hast. Ob sich unser Gerhard so ganz privat einen »Ghostwriter« hält?

Nun, Spaß beseite, weil gerade auch so vieles Nachdenkliches und Ernstes in diesen Worten anklang. Dinge, die einem an einem solchen Jubiläumstag durch den Kopf gehen, aber erst dann so richtig bewußt werden, wenn sie ausgesprochen werden.

Du, Gerhard, warst alle die vielen Jahre unserer Ehe wie auch schon lange vorher unser treuer Weggefährte. Deshalb hast Du uns damals eine große Freude bereitet mit Deiner Bereitschaft, auch als Trauzeuge zu amtieren. Manche sehen solche »Ämter«, ähnlich ist es ja auch oft bei Patenschaften, als nichtssagende, überflüssige Aufgaben an. Weit gefehlt, wenn man sie nur richtig anpackt und ausfüllt, so wie es Gerhard in unserem Falle getan hat. Wir haben seinem freundschaftlichen Rat und seiner immer selbstverständlichen Hilfsbereitschaft sehr viel zu verdanken. Besonders dann, wenn Krisen und Probleme zu bewältigen waren und man manchmal als unmittelbar Beteiligter mit dem Brett vor dem Kopf herumlief.

Deshalb will ich meinen ersten Trinkspruch auch teilen: Dir, liebe Ingrid, will ich danken für eine lange harmonische Zeit; Dir, lieber Gerhard, für Rat und Tat, immer wenn sie nötig waren; und Euch, liebe Freunde und Gäste, daß Ihr den 15. Jahrestag unserer Hochzeit mit uns zusammen feiern wollt. Auf Euer aller Wohl – Prost!

Reden zum 20. Hochzeitstag (Porzellanhochzeit)

Der Schwiegervater spricht

Liebe Kinder, verehrte Gäste,
was soll denn eigentlich ein solch alter Veteran der Ehe wie ich seinen Kindern zum 20. Hochzeitstag noch mit auf den Weg geben? Gute Ratschläge? Doch wohl kaum! Und was schenkt man Leuten, die schon fast alles haben? Alles sehr schwierig. Und doch könnt Ihr Euch wie immer auf Euren Vater verlassen. Ihm ist auch diesmal etwas eingefallen.

Zunächst aber einmal unsere herzlichsten Glückwünsche zu Eurem 20. Hochzeitstag, Eurer Porzellanhochzeit. Ganz offenbar sind wir eine Familie, wo ein einmal gegebenes Wort noch etwas gilt. Wo man vorher überlegt, bevor etwas besprochen wird, was dann anschließend doch nicht gehalten werden kann. Und so werden wir bald weitere schönere Jubiläen feiern können. Ihr wißt ja, daß Mutter und ich in zwei Jahren schon die »Goldene« feiern können. Und dann seid Ihr beiden nur noch kurz von der »Silbernen« entfernt. Aber noch ist es nicht soweit.

Heute geht es um Euren Ehrentag. 20 schöne lange Jahre, in Liebe und Treue fest verbunden. So haben Mutter und ich es für Euch erhofft, als Du, lieber Klaus, damals um die Hand unserer Annette angehalten hast. Wir hatten das Gefühl, das Schicksal unserer einzigen Tochter vertrauensvoll Deiner Obhut und Fürsorge anvertrauen zu dürfen. Dieses gute Gefühl hat uns bis heute nicht getrogen.

Ihr habt ja nun auch schon große Kinder. Ich weiß aber nicht, ob Ihr Euch jetzt vorstellen könnt, daß sie eines Tages heiraten und mit ihrem Partner wegziehen, womöglich noch in eine entfernte Stadt. Uns, das gebe ich heute gerne zu, ist es damals nicht leicht gefallen. Auch dann nicht, wenn man eigentlich weiß, daß der enge Kontakt mit dem Elternhaus ja nicht abreißt und man nicht ein Kind verliert, sondern ein zweites dazugewinnt.

Ich hoffe aber sehr, daß Ihr beiden nie das Gefühl zu haben brauchtet, wir hätten allzu egoistisch auf Ansprüchen bestanden, die uns als Eltern nicht zugestanden hätten. Und wenn uns eines Tages da doch das eine oder andere »durchgerutscht« sein sollte, dann hoffen wir, daß Ihr das mehr unserer übergroßen Fürsorge und Zuneigung zugeschrieben habt, als irgendwelchen überholten elterlichen Besitzansprüchen.

Wie dem auch sein mag. Insgesamt aber, so hoffe ich wenigstens, sind wir doch über die vielen langen Jahre sehr gut miteinander ausgekommen. Und das ist eigentlich schon eine ganze Menge mehr, als Eltern und Kinder im allgemeinen voneinander erwarten können. Mutter und ich wollen Euch heute hierfür sehr herzlich danken. Ihr habt Eure Eltern nicht ausgeschlossen, sondern, wenn es irgend ging, in Euer Leben mit einbezogen.

Deshalb kennen wir auch manche Wünsche, auch wenn sie nicht ausgesprochen werden. Und einer dieser Wünsche war doch immer ein handbemaltes Teegeschirr aus dem Odenwald, oder nicht? Deshalb haben Mutter und ich uns gedacht, daß es doch keine bessere Gelegenheit als Eure Porzellanhochzeit gibt, Euch diesen langgehegten Wunsch nun endlich zu erfüllen. Wir hoffen, daß wir das Richtige gefunden haben. Und wir erhoffen mit Euch und für Euch noch viele schöne Jahre in Gesundheit, Zufriedenheit und Glück.

Liebe Eltern,
liebe Gäste,
wie immer ist Euch auch diesmal die Überraschung voll gelungen. Annette und ich danken Euch sehr für das wunderschöne Teeservice. Einerseits haben wir manchmal schon ein wenig ein schlechtes Gewissen, weil Ihr uns immer mit solch großartigen Geschenken überrascht. Auf der anderen Seite ist es natürlich schön, wenn man hier und da wieder einmal so richtig verwöhnt wird. Also nochmals herzlichen Dank. Ganz sicher werden wir schon bald dieses schöne Teegeschirr in einer gemütlichen Dämmerstunde zusammen einweihen können.

Ein zwanzigjähriges Jubiläum ist die rechte Gelegenheit, die abgelaufenen Jahre noch einmal kurz Revue passieren zu lassen. Insgesamt betrachtet, glaube ich, war es eine gute Zeit für uns alle. Es ging langsam, aber unaufhörlich aufwärts. Die Kinder haben sich prächtig entwickelt. Alle sind gesund geblieben, und es gab kein Problem, was sich nicht ohne tiefgreifende Auseinandersetzungen und Zerwürfnisse hat lösen lassen. Welch bessere Bilanz könnte man ziehen, wenn man zurückblickt und feststellen kann: Gerade so haben wir es uns vorgestellt. Gerade so haben Annette und ich vor über zwanzig Jahren von einer gemeinsamen Zukunft zu träumen begonnen. Gerade so ist vielleicht nicht alles, aber doch das meiste eingetreten, und ich glaube nicht, daß man das alles mit der Bemerkung erklären kann: Glück gehabt. Sicher, auch Glück hat dazugehört.

Ebenso wichtig scheint mir aber zu sein, daß zwei gemeinsam an einem Strang ziehen müssen, wenn sie beide in eine Richtung wollen. Um beim Beispiel zu bleiben: Wenn sich beide über den einzuschlagenden Weg nicht einig sind, dann kann man zwar an beiden Enden des Stricks nach Leibeskräften ziehen und zerren, aber alles bewegt sich trotz des Aufwandes immer nur auf der Stelle. Und meist sind es ja nur Verständnisschwierigkeiten oder die Unlust und Unfähigkeit, aufeinander zuzugehen, die solchen sinnlosen Kräfteverschleiß auch in privaten Beziehungen auftreten läßt.

Wir haben am Beispiel unserer Eltern gelernt, mit unseren Kräften für wichtigere und lohnendere Aufgaben hauszuhalten. Und diese Erfahrung am praktischen Beispiel, aus unmittelbarem Erleben, hat uns so viel mitgegeben, daß wir am 20. Hochzeitstag zufrieden zurück und optimistisch nach vorne schauen können. Und wenn es uns gelingen sollte, auch unsere Kinder davon zu überzeugen, wäre dies sicherlich mit das Beste, was wir als Eltern ihnen für ihr eigenes Leben mitgeben könnten.

Seid alle herzlich willkommen auf unserem Fest und ehret die Gastgeber am besten dadurch, daß nichts übrigbleibt von all den schönen Dingen, die Gaumen und Magen erfreuen.

Reden zum 25. Hochzeitstag (silberne Hochzeit)

Der Bruder der Braut spricht

Liebe Schwester Sophie,
lieber Hans,
verehrte Gäste,
vor nunmehr 25 Jahren habe ich als Trauzeuge bereits die Festrede auf Eurer Hochzeitsfeier halten können. Es ist mir daher heute eine ganz besonders liebe Verpflichtung, an Eurem Ehrentag, Eurer Silberhochzeit, auch ein paar Worte zu sagen.

Vielleicht ein paar Worte zur Erinnerung an ein Vierteljahrhundert gemeinsam Erlebtes aus der Sicht eines Bruders und Schwagers.

Obwohl unsere Familien ja sehr weit auseinander wohnen, will ich zunächst einmal feststellen, daß der enge Kontakt niemals unter der großen räumlichen Distanz gelitten hat. Ich glaube, daß dies über einen solch langen Zeitraum schon deshalb besonders bemerkenswert ist, weil doch sonst die vertrauten Beziehungen zwischen Geschwistern oft schon leiden, wenn sie sich mit ihren Partnern ein neues gemeinsames Leben aufbauen. Das setzt allerdings voraus, daß alle Beteiligten die familiären und verwandschaftlichen Bindungen nicht als lästiges Übel empfinden und auch stets bemüht sind, sie sorgsam zu hegen und zu pflegen. Und dies eben nicht nur an Festen und seltenen Ehrentagen, sondern gerade und vor allem im dazwischenliegenden Alltag. Dies ist uns in all den vielen zurückliegenden Jahren doch ganz offensichtlich gut gelungen. Vor allem dafür will ich Euch heute von ganzem Herzen danken.

Liebe Sophie, lieber Hans,
Ihr beiden habt ja als erste unter den Geschwistern geheiratet. Sozusagen als Testpaar der ganzen Familie. Und wir dürfen Euch heute von Herzen bestätigen, daß Euer Beispiel einer guten und liebevollen Partnerschaft über 25 Jahre hinweg uns alle angespornt und sicher einigen von uns über so manch schwierige Klippe in der eigenen Familie hinweggeholfen hat.

Heute seid Ihr fünfundzwanzig Jahre miteinander als Ehepaar verbunden: ein altes und zugleich jung gebliebenes Paar, das sich – wie doch jeder hier im Kreise ganz offensichtlich spüren kann – liebevolles Verständnis und Zuneigung über die vielen Jahre hinübergerettet hat. Wir sind mit Euch an Eurer heutigen Silberhochzeit stolz und glücklich darüber, daß Euch dies gelungen ist über ein ganzes Vierteljahrhundert hinweg.

Wir wünschen Euch heute noch viele gute Jahre in Zufriedenheit, Gesundheit und Glück. Laßt uns, wie in der Vergangenheit, als Familie, Freunde, Nachbarn und Bekannte zusammenstehen, damit wir auch in Zukunft gemeinsam noch viele gute Gründe für solch schöne Feste finden werden.

Liebe Sophie,
lieber Bruder Hans,
liebe Gäste,
im Chor der Gratulanten darf vor allem die Schwester nicht fehlen. Hans im Glück haben wir Dich alle genannt, als Du uns vor fast 27 Jahren Deine Sophie als künftige Braut vorgestellt hast. Hans im Glück, weil wir schon damals ganz schnell gemerkt haben, daß Ihr beiden, wie man so schön sagt, füreinander geschaffen wart. Daß uns dieser erste Eindruck auch weit über ein Vierteljahrhundert nicht getrogen hat, freut uns heute natürlich ebenso wie die Gewißheit, daß Eure Partnerschaft auch künftig allen Stürmen der Zeit wird standhalten können.

Du, liebe Sophie, warst mir in all diesen Jahren trotz Deiner großen Belastungen in Beruf und Familie stets eine verständnisvolle und hilfsbereite Freundin.

Du hast immer darauf geachtet, daß trotz der Alltagshektik der geschwisterliche und familiäre Kontakt gehegt und gepflegt worden ist. So hast Du – um beim Beispiel zu bleiben – nicht nur Hans Glück gebracht. Du hast uns alle durch Dein Beispiel gelehrt, Partnerschaft und Familie nicht als etwas Selbstverständliches zu empfinden, sondern als ein wichtiges und wertvolles Gut, um das man sich täglich neu bemühen muß. Deshalb möchte Euch beiden heute die Schwester, die Schwägerin und Freundin von ganzem Herzen Glück und Segen wünschen für Eure weitere Zukunft.

Die Aufbaujahre sind vorbei und damit die großen Sorgen. Die Kinder sind erwachsen und stehen fest auf eigenen Füßen. Damit könnt Ihr nun die Zeit, die andere und anderes früher für sich von Euch gefordert haben, nun besser für Euch selber nutzen.

Möge der Herrgott Euch Kraft und Gesundheit geben, noch viele schöne Jahre den gemeinsamen Weg weiterzugehen, den Ihr vor fünfundzwanzig Jahren verliebt, glücklich und voller Hoffnungen begonnen habt. Eure Kinder und Eure Geschwister, die vielen Freunde, Nachbarn und Bekannten rufen Euch heute zu: Prosit und Glückauf, für eine sonnige Zukunft.

Ein Freund des Hauses spricht

Liebe Sophie,
lieber Hans,
wenn zwei, wie Ihr beiden, am heutigen Tag sich 25 Jahre lang in Freud und Leid die Treue gehalten haben, so ist das schon ein ganz wichtiger Anlaß auch für die Freunde, sich zu Wort zu melden. Ich will das stellvertretend für alle anderen tun, die Euch nun über ein gutes Vierteljahrhundert fraundschaftlich verbunden sind, teils schon von der gemeinsamen Schulzeit her, teils aus der Nähe von Beruf und Nachbarschaft.

Wir alle haben in diesen 25 Jahren eine ganze Menge erlebt, Angenehmes, aber auch weniger Erfreuliches. Zu dem weniger Erfreulichen gehört, daß einige der alten, liebgewordenen Bande und Beziehungen zerstört sind, durch Wegzug oder Trennung, Streit oder sogar, wie im Falle unseres unvergeßlichen Helmut, Tod.

Zu dem Angenehmen – und nur hiervon wollen wir doch an einem solch schönen Jubiläumstag reden – gehört, daß wir an Eurem Beispiel miterleben dürfen, daß trotz der Schwierigkeiten, Probleme und Rastlosigkeit unserer Tage eine Partnerschaft zufrieden und glücklich ein Vierteljahrhundert überdauert hat. Das sind schon Jubiläen, die immer seltener werden. Weil offenbar immer mehr Menschen unfähig werden, sich auf Dauer festzulegen, ohne Wenn und Aber, ohne Rückversicherung und Hintertür sich zu einer einmal getroffenen Entscheidung zu bekennen. Auch oder gerade dann, wenn der Reiz des Neuen vorbei ist und der Alltag mit den Problemen und Komplikationen langsam aber sicher versucht, die Oberhand über das Spontane zu gewinnen.

Ihr beiden, verehrte Sophie und lieber Hans, seid aber auch als altes Ehepaar noch jung geblieben. Jung genug jedenfalls, um Euch nicht durch Alltagstrott, Routine oder Langeweile so einfangen zu lassen, daß nichts mehr von dem übriggeblieben wäre, was Euch vor über 25 Jahren zusammengeführt hat. Ein altes, jung gebliebenes Glück, dem auch 25 Jahre nichts von seiner Ausstrahlung haben abnehmen können.

Ihr beide wart für uns alle immer ein gutes Beispiel, nicht locker zu lassen im ständigen Bemühen um den Partner. Auch oder gerade dann, wenn man glaubt, sich seiner sicher sein zu können. Eine Zweierbeziehung ist auf Dauer nämlich nur dann aufrechtzuerhalten, wenn man täglich neu um sie kämpft. Wenn man vom Partner nicht mehr erwartet oder verlangt, als man selbst zu geben bereit ist, an Gefühl, an Willen und an eigenen Standpunkten. Daß dies nie der bequemere Weg ist, wissen wir wohl alle. Aber es ist der einzig sichere Weg für eine Partnerschaft auf Dauer. Das habt Ihr am heutigen Tag unter Beweis gestellt.

Wir, Eure Freunde, Nachbarn und Bekannten, sind glücklich und stolz, mit Euch so manches Stück dieses Weges haben gehen zu dürfen. Zu Eurem heutigen Ehrentage gratulieren wir Euch von Herzen. Möge Euch ein gütiges Schicksal noch viele schöne Jahre voll Glück, Zufriedenheit und Gesundheit bescheren.

Der Silberbräutigam spricht

Liebe Sophie,
liebe Freunde und Gäste,
die schönste und angenehmste Pflicht des Hausherrn an einem solchen Tage ist, Dank zu sagen. Dank Dir, liebe Sophie, daß Du es so lange mit mir ausgehalten hast. Auch wenn Karl in seiner schönen Rede gemeint hat, das sei immer so einfach gewesen. Wir beide wis-

sen aber einiges dann doch schon besser, nicht wahr? Dank Dir also, liebe Sophie, für 25 Jahre aufopferungsvoller Liebe und Geduld, für Verständnis und Sorge. Dank dafür, daß Du oft geduldig meine Launen auch noch dann ertrugst, wenn Dir der Kopf nach ganz anderen Dingen stand. Dank dafür, daß so manches von Deinen eigenen Wünschen und Plänen oft still und selbstlos, wie selbstverständlich, den Interessen unserer Kinder und Deines Mannes untergeordnet wurde. Du sollst aber wissen, für den Fall, daß es den Kindern und mir in der Vergangenheit nicht immer gelungen sein sollte, Dich dies fühlen und wissen zu lassen, daß nichts von alledem für die Familie selbstverständlich gewesen ist. Und deshalb will ich es heute hier in aller Öffentlichkeit auch sagen, obwohl wir alle wissen, daß Du viel lieber gar kein großes Aufhebens um Deine eigene Person haben willst. Von Herzen Dank also, liebe Sophie, für ein Vierteljahrhundert treues, vertrauensvolles und glückliches Zusammenleben und auf eine schöne Zukunft. Darauf trinken wir den 1. Schluck.

Der 2. Schluck gilt Euch, liebe Freunde. Dank auch Euch, von Sophie und mir, für die vielen Jahre freundschaftlicher Verbundenheit ebenso wie für die niemals gleichgültige Teilhabe an unseren Sorgen und Nöten. Dank Euch allen für Rat und Tat immer dann, wenn Not am Manne war. Dank dafür, daß Ihr mit uns unseren Jubiläumstag festlich begehen wollt. Wir beide trinken auf Euer Wohl, auf eine glückliche und gesunde Zukunft – Prosit!

Reden zum 50. Hochzeitstag (goldene Hochzeit)

Ein Sohn spricht (I)

Liebe Eltern, liebe Großeltern,
liebe Urgroßeltern,
verehrte Gäste,
schon an der Anrede könnt Ihr hören, daß ich heute hier für viele sprechen muß, für die Kinder, für die Enkel und die Urenkel.

Mir als Eurem Ältesten, ist die schöne Aufgabe zugefallen, Euch die Festrede zu Eurem goldenen Ehejubiläum zu halten. Zu diesem seltenen Fest gratulieren Euch heute von Herzen Eure 5 Kinder, Eure 11 Enkel und die 3 Urenkel. Allein schon diese lange Liste von Gratulanten namentlich hier vorzutragen, würde die geplante Redezeit fast ganz in Anspruch nehmen. Aber die Reihe der Gratulanten ist ja noch viel länger. Nicht dabei fehlen wollen natürlich Schwester und Schwager, Tante Irmgard und Onkel Paul, die ganze Verwandtschaft aus Niebüll und alle Freunde, Bekannten und Nachbarn hier aus Friedrichsdorf. Alle sind wir heute hierhergekommen, bis auf Tante Anne, die sich wegen ihrer schlimmen Beine noch nicht wieder auf eine solch weite Reise getraut hat. Sie ist sehr traurig darüber, hat Euch aber – wie ich sehe – einen langen Brief geschrieben. Alle Gratulanten haben sich aber in diesem Gästebuch verewigt, das Monika und Gudrun so liebevoll als

Festschrift mit Fotos, Zeichnungen und Texten gestaltet haben. Wir hoffen, daß Euch dieses Geschenk später einmal, wenn der ganze Festtagsrummel vorüber ist, in einer ruhigen Mußestunde eine liebe Erinnerung an Eure goldene Hochzeit sein kann.

Wenn man Euch heute beide so fröhlich und ausgeglichen im Kreise der Familie und Freunde sitzen sieht, möchte man kaum glauben, welchen schwierigen Zeiten, welcher Not, Entbehrungen und Rückschlägen Ihr Euer ganzes Leben lang ausgesetzt wart, und daß es eigentlich noch gar nicht so lange her ist, daß Ihr endlich etwas zur Ruhe gekommen seid. Ihr habt das schwere Schicksal jener Generation mitgetragen, die immer wieder von vorne anfangen mußte, weil Inflation, Krieg und Vertreibung alles zerstörte, was gerade mühevoll aufgebaut, zusammengetragen und eingerichtet worden war.

Davon will aber später Euer guter Freund aus alten Tagen, Gemeinderat Benningsen – den ich ebenfalls sehr herzlich in unserem Kreise willkommen heißen darf –, noch einiges berichten. Wir als Eure Kinder haben von alledem wahrscheinlich noch am wenigsten gemerkt, weil Ihr es immer verstanden habt, uns von allen Sorgen und Nöten nur das mitfühlen und spüren zu lassen, was unumgänglich war.

So ist uns denn aus unseren Kindertagen die Erinnerung geblieben, daß unsere Eltern stets fröhlich und voller Gottvertrauen bemüht waren, mit den Alltagsproblemen fertig zu werden. Und daß sie auch dann nicht verzagten, wenn die Lage fast hoffnungslos war. Ich denke hier vor allem an die Jahre, wo wir von Flüchtlingslager zu Flüchtlingslager geschickt wurden, ohne Hoffnung auf ein bleibendes Zuhause. Erst viel später ist uns aufgegangen, wie schwer es Euch in diesen Tagen gefallen sein mußte, wenigstens gegenüber uns Kindern Hoffnung und Zuversicht zu zeigen, auch wenn die Aussichten alles andere als rosig schienen.

Aber ich glaube, daß wir schon damals gespürt haben, daß Ihr Eure Kraft und Euren Mut voneinander hattet und jeder dem anderen als feste, verläßliche Stütze hilfreich zur Seite stand. Diese Erfahrung aus unmittelbarem Erleben hat uns alle mehr als anderes geprägt.

Ihr habt uns nun ein halbes Jahrhundert vorgelebt, daß die echten Bewährungsproben zwischen zwei Menschen erst dann bestanden sind, wenn die Partnerschaft auch Not und Elend überdauerte.

Und deshalb wünschen wir Euch heute von ganzem Herzen, daß Euch noch einige ruhige Jahre vergönnt sein mögen. Noch viele Jahre, in denen wir, Eure Kinder zusammen mit Euren Enkeln, noch ein klein wenig von dem vergelten können, was Ihr uns zeitlebens an Opfern und treusorgender Liebe habt zukommen lassen. Einen heiteren und friedlichen Lebensabend als ganz bescheidenen Ausgleich für ein Leben voller Mühen und Entbehrungen. Liebe Mutter, Oma und Uroma, lieber

Vater, Opa und Uropa, von Herzen alles Liebe und Gute von Euren Kindern, Enkeln und Urenkeln zur Eurer goldenen Hochzeit.

Ich bitte Euch jetzt alle, das Glas zu erheben und mit mir einzustimmen in ein dreifach Hoch für unser geliebtes Jubelpaar: es lebe hoch, hoch, hoch – Prosit.

Ein Freund des Hauses spricht

Verehrte Emma,
lieber, guter Hermann,
verehrte Anwesende,
wir, die Alten in dieser Runde, wollen uns den vielen lieben Glückwünschen zu Eurer goldenen Hochzeit von ganzem Herzen anschließen. Wir fühlen uns an diesem Ehrentag, der ja so häufig nicht mehr gefeiert wird, mit Euch verbunden.

Es ist schon eine Gnade, wenn zwei Menschen ein halbes Jahrhundert in Freud und Leid den gemeinsam eingeschlagenen Weg zusammengehen können. Und wir, Eure Freunde, freuen uns, daß wir Euch auf diesem Weg immer ein Stück begleiten durften. Zwar ist das Tempo inzwischen etwas langsamer geworden. Aber, wenn ich das mal so sagen darf, man schaut sich beim Gehen etwas intensiver um. Man sieht und hört mehr und hat vor allen Dingen sehr viel mehr Zeit für Dinge, die früher nicht so wichtig erschienen.

Auch der Herbst hat seine schönen Tage. Das gilt nicht nur für die Natur draußen, wo er noch einmal verschwenderisch seine ganze

Pracht entfaltet. Das gilt ganz sicher auch für unseren Lebensabschnitt, in dem uns Alten vergönnt ist, nach all den großen Anstrengungen im Beruf und den großen und kleinen Problemen in der Familie unseren Lebensabend ganz bewußt und intensiv noch eine Weile zu genießen.

Euch beiden sieht man an, daß Ihr diese schönen Tage auch zu nutzen versteht, für Euch selber, für Eure Familie, Eure Freunde und Bekannten. Wir sind immer wieder erstaunt über Euren Unternehmungsgeist, lassen uns aber – ich gestehe es – gerne mitreißen. Seien es die schönen Sommerabende auf der Terrasse, die Wanderungen im romantischen Hunsrück oder die Städtetouren quer durch Deutschland. Solche Aktivität und das Interesse an der Umgebung hält doch offenbar jung und munter, wie Euch jeder hier im Kreise ganz neidlos zugestehen wird.

Das Geheimnis Eures Elans, des Optimismus und der heiteren Gelassenheit liegt doch ganz offensichtlich in Eurer Partnerschaft begründet. Zumindest mir wurde dies immer deutlicher, und wer anders als ich, Euer alter Freund schon seit den frühen Tagen, könnte dies als Dritter auch besser beurteilen.

Liebe Emma und lieber Hermann,
Euch beiden will ich von ganzem Herzen Glück und Segen zu dem heutigen Jubiläum wünschen. Es ist einer Eurer schönsten Tage, den Ihr mit besonderem Stolz verleben könnt.

Was Ihr miteinander und füreinander geschafft habt in einem halben Jahrhundert, ist beispielhaft weit über Eure Familie hinaus. Euch dies zu zeigen und zu sagen, sind wir heute alle hier zusammengekommen.

Laßt uns in froher Dankbarkeit ein paar besinnliche Stunden verbringen, ein wenig von Vergangenem reden, über allem Schönen oder auch Schweren der vergangenen Tage die Gegenwart und die Zukunft nicht vergessen. Vor allem die Zukunft, von der ich Euch von Herzen wünsche, daß sie Euch beiden noch viele schöne gemeinsame Jahre bringen möge.

Laßt uns nun alle unser Glas auf das Wohl und zu Ehren unseres Hochzeitspaares erheben: es lebe hoch, dreimal hoch!

Ein Gemeindevertreter spricht

Verehrtes Jubelpaar,
liebe Emma,
lieber Hermann,
liebe Anwesende,
der Gemeindevorstand hat mich beauftragt, dem verehrten Jubelpaar Glückwünsche und Ehrengabe der Gemeinde zu überbringen.

Dieser ehrenvollen Aufgabe komme ich heute doppelt gerne nach. Gilt es doch einmal, einem in der Gemeinde allseits beliebten und geachteten Paar die Grüße und Wünsche der Einwohnerschaft zu einem ganz seltenen Ehrentag zu übermitteln. Und zum zweiten ist es mir auch eine liebe Freundespflicht, Euch beiden zum goldenen Hochzeitsjubiläum von ganzem Herzen Glück zu wünschen. Und daß ich beides heute sozusagen in einer Person machen darf, ist wohl einer jener kleinen Zufälle, die Euer langes gemeinsames Leben zwar ereignisreich, hart und mühsam, wahrlich aber nie langweilig haben werden lassen. Ihr beide habt wahrlich ein schweres Schicksal hinter Euch.

Und ich will es an diesem Festtag ein wenig nachzeichnen, dem Jubelpaar zu Ehren und jenen als Beispiel, die schon fast verzweifeln wollen, wenn sich einmal an der gewohnten Sonnenseite des Lebens ein kleines Wölkchen auftut.

Emma und Hermann Mayer haben ein bewegtes Schicksal hinter sich, wie es die deutsche Geschichte vielen zugemutet hat, ohne daß sie sich aus eigener Kraft hätten dagegen wehren können. Viele sind daran zerbrochen, einige leiden immer noch daran, und nur ganz wenigen ist es wie Emma und Hermann Mayer gelungen, alle Schwierigkeiten zusammen zu überwinden, um so – wenn es Gott will – mit einem etwas ruhigeren Lebensabend wenigstens ein bißchen für die Jahre zuvor entschädigt zu werden.

Emma und Hermann Mayer sind Opfer geworden einer unseligen Politik, die glaubte, Menschen wie Figuren auf dem Schachbrett hin- und herschieben zu können. Da sie beide auf Gut Obermühlen 1913 geboren wurden und dort lange Jahre erfolgreich als Landwirte tätig waren, holten die nationalsozialistischen Machthaber sie wie viele Volksdeutsche »heim ins Reich«. So wurde ihnen zunächst eine Landwirtschaft im Polnischen übertragen, die man den früheren Besitzern einfach weggenommen hatte. Nach dem verlorenen Krieg kamen diese zurück und machten ihre angestammten Rechte geltend. Und nun begann die mühevolle Wanderschaft der Mayers, stets auf der Suche nach einer neuen Heimat, aber immer wieder eingeholt von den Folgen einer Politik, gegen die sie sich nicht wehren konnten. Ein neuer Start in der DDR mißlang, als ihre kleine Landwirtschaft dort verstaatlicht wurde. Und sie wollten es lieber noch einmal von vorne versuchen, als auf dem eigenen Hab und Gut künftig nur noch als Arbeiter geduldet zu werden. Daß der Aufbruch in eine neue Zukunft glückte, ist sicher einer jener Zufälle wie jener, der uns zum ersten Mal 1953 im Lager Gießen hat begegnen und dann fast 20 Jahre später hier in Friedrichsdorf hat wiederfinden lassen.

Du, lieber Hermann, hast seit Eurer Flucht in den Westen keine Chance mehr gefunden, im geliebten Beruf des Landwirts wieder tätig zu werden. Die Sorge um Deine Familie, hast Du immer gesagt, lasse Dir kein Recht, besonders wählerisch zu sein. Nur wer Dich kennt und weiß, daß Eure Landwirtschaft Dir stets mehr war als nur ein Broterwerb, kann erahnen, was dieser Schritt damals für Dich bedeutete. Deine Emma hat Dir in allen diesen schweren Tagen als treuer Lebenskamerad zur Seite gestanden. Ich kann mich dabei noch gut an unsere gemeinsame Zeit im Flüchtlingslager erinnern. Sie war der ruhende Pol Eurer Familie, stets bemüht, eigene Ansprüche und Wünsche den Interessen ihrer Lieben unterzuordnen.

Heute nun ist es für Euch beide an der Zeit, ein wenig auszuruhen und die Hände zufrieden in den Schoß zu legen. Eure 5 Kinder haben eine gute und krisenfeste Ausbildung und ein glückliches Familienleben. Und Enkel und Urenkel sind immer auf dem Sprung, den so sehr geliebten Groß- und Urgroßeltern bei den alten Geschichten zuzuhören und ihnen von den eigenen großen und kleinen Sorgen und Nöten zu berichten. Alles dieses, das glaube ich als einer, der Euch nun schon über ein Vierteljahrhundert kennt, habt Ihr nur schaffen können, weil Ihr es stets gemeinsam zu bewältigen versucht habt. Für einen allein war das alles viel zuviel, für zwei war es immer noch mehr als genug.

Ich wünsche Euch beiden von Herzen noch eine ruhige und besinnliche Zeit. Eure Mitbürger in der neuen Heimat schließen sich diesem Wunsche an. An dieser allgemeinen Wertschätzung weit über den Kreis Eurer Familie und Freunde hinaus könnt Ihr erkennen, daß Euer Leben als Mahnung, als Beispiel und Verpflichtung gesehen und auch verstanden worden ist.

Ein Sohn spricht (II)

Liebes »goldenes Paar«,
eine goldene Hochzeit ist ein schöner Anlaß, zurückzublicken auf ein halbes Jahrhundert

eines gemeinsamen glücklichen Lebens. Und das sind Erfahrungen, Erkenntnisse und Gefühle, die sich wohl kaum in einer Rede, noch dazu vor so vielen Gästen, treffend und lebendig genug aussprechen lassen. Deshalb will ich auch heute den Versuch gar nicht erst wagen.

Was ich aber sagen will, im Namen aller Kinder, Eurer Enkel und der Urenkel, ist der Dank an Euch, liebe Eltern. Dank für all die Fürsorge, all Eure Mühen um uns und alle tätige Liebe und Hilfe, die wir nun schon seit vielen, vielen Jahren von Euch wie selbstverständlich empfangen durften.

Wir sagen »Danke schön«, daß Ihr uns habt teilnehmen lassen an Eurem Leben, vor allem an seinen schönen Stunden, und daß Ihr immer versucht habt, uns die unangenehmen zu ersparen. Wir haben aus Eurer Liebe, Erfahrung und Toleranz gelernt, mit unserer eigenen Umwelt besser zurechtzukommen. Und Ihr seid uns stets Vorbild gewesen. Allein was Euren Elan und Eure Aktivität anlangt, so könnten sich manche Vierzigjährige daran ein Beispiel nehmen.

Unsere Wünsche für die Zukunft, liebe Eltern, lauten: Bewahrt Euch Eure körperliche und geistige Frische, bleibt gesund und behaltet Euren Frohsinn. Dann werdet Ihr immer jung bleiben, wenn auch die Jahre dahingehen.

Wir hoffen und wünschen, daß Ihr, liebe Eltern, mit uns allen zusammen genauso gesund und fröhlich wie heute die diamantene Hochzeit werdet feiern können. In diesem Sinne bitte ich alle, mit mir das Glas zu erheben auf das Wohl unseres Jubelpaares.

Der Jubilar antwortet

Meine lieben Kinder,
Enkel und Urenkel,
liebe Freunde und Gäste,
seid alle ganz herzlich willkommen in unserem Hause. Mutter und ich sind ganz verlegen wegen all der guten Worte und Wünsche, die Ihr uns zur goldenen Hochzeit überbracht habt. Wir möchten Euch danken für die vielen schönen Geschenke, die Ihr für uns ausgesucht habt. Die größte Freude aber für uns beide ist, daß Ihr Euch alle auf den Weg gemacht habt, um heute mit uns zu feiern. Wer weiß denn schon, wie oft uns noch Gelegenheit bleibt, alle in diesem Kreise zusammenzukommen.

Laßt uns deshalb diese Stunden als schönes Geschenk in Zufriedenheit genießen. Für uns alte Menschen sind sie doppelt wichtig. Sie zeigen uns, daß wir noch nicht alleine sind. Und daß das Schicksal es schließlich doch gut mit uns gemeint hat, daß wir heute mit dem langvertrauten, bewährten Lebenspartner, mit den Kindern, Enkeln und Urenkeln, mit Geschwistern, Verwandten und vielen Freunden ein solches Jubiläum noch in der gewohnten häuslichen Umgebung feiern dürfen.

Viele sind in einem solchen Alter längst allein. Alleingelassen nicht nur durch eine Gesellschaft, die alte Menschen am liebsten in die Heime verbannt. Alleingelassen auch durch die, die einem sehr viel näher stehen, sei es, daß Partner, Kinder oder Freunde schon tot sind oder – was eigentlich noch viel schlimmer ist – sich aus Gleichgültigkeit oder Zeitmangel einfach abgewendet haben.

Wir haben es besser getroffen und sind dankbar, auch an einem langen Lebensabend nicht einfach auf das Abstellgleis geschoben zu werden. Mutter und ich sind froh, daß Ihr heute mit uns ein wenig feiern wollt. Seid also alle herzlich willkommen.

Seltene Ehejubiläen

Vorbemerkung

Das Fest der diamantenen Hochzeit (60. Hochzeitstag), der eisernen Hochzeit (65. Hochzeitstag), der Gnadenhochzeit (70. Hochzeitstag) oder gar der Kronjuwelenhochzeit (75. Hochzeitstag) sind seltene, ja ganz außerordentliche Jubiläen. Sie spielen nicht nur im Familienleben eine besondere Rolle, sondern als ganz und gar nicht alltägliches Ereignis auch im öffentlichen Leben. Selbst Zeitungen, auch regionale Rundfunk- und Fernsehsendungen halten diese Jubiläen für berichtenswert.

Es würde nun sicher den Rahmen dieses Buches sprengen, wenn ähnlich wie bei den übrigen Jahrestagen einer Hochzeit auch diese ganz seltenen Festtage in verschiedenen Rednerrollen abgehandelt würden. Um aber dem Benutzer dieses Buches auch hier einige verwertbare Anhaltspunkte zu liefern, ist deshalb beispielhaft eine Rede aus dem familiären Bereich und eine für einen Vertreter des öffentlichen Lebens ausgearbeitet worden. Sie sind so konzipiert, daß die Jahrestage variabel eingesetzt werden können, also statt diamantene Hochzeit, eiserne, also statt 60. Jahrestag, 70. Jahrestag und so weiter.

Bei solchen Gelegenheiten versucht der Redner üblicherweise, das Leben der Jubilare einfühlsam und herzlich nachzuvollziehen, so wie es die nachstehenden Musterreden beispielhaft anklingen lassen.

Man sollte auf jeden Fall dabei beachten, daß die Jubilare, die im Mittelpunkt dieses seltenen Festes stehen, das achte Lebensjahrzehnt bereits überschritten haben. Das erfordert in ganz besonderem Maße Einfühlungsvermögen und Rücksichtnahme, was Inhalt, Verständlichkeit, vor allem aber die Redezeit anlangt.

Ein Sohn spricht für die Familie

Geliebte Mutter,
lieber Vater,
alle sind sie heute zusammengekommen, um Euch beiden Glück und Segen zu Eurer diamantenen Hochzeit zu wünschen. Keiner hat es sich nehmen lassen, mit dabei zu sein, wenn Ihr im Kreise Eurer 4 Kinder, 12 Enkel und 7 Urenkel, der Verwandten, Freunde und Nachbarn zufrieden Rückschau halten könnt auf 60 Jahre gemeinsamen Lebensweg voll Höhen und Tiefen, Freud und Leid, Glück und Sorgen.

60 Jahre sind ein langer Zeitraum, voller gewaltiger Veränderungen in diesem Lande, die auch Euch getroffen haben. Zwei Kriege, Inflation, Hunger, Not und Krankheit – das sind nur einige der Prüfsteine, die Euch in Eurem langen Leben aufgegeben waren.

Ihr habt nie aufgegeben, auch dann nicht, als Ihr jedesmal wieder ganz von vorne habt anfangen müssen. Ihr wart Euch immer ganz sicher, daß der Segen Gottes, den Ihr vor 60 Jahren für Euer Lebensbündnis erbeten habt, Euch sicher auf der langen Wegstrecke leiten würde.

Und da waren ja auch noch die Kinder, für die man als Eltern ja besondere Verantwortung hatte. Sie alle mußten großgezogen und ernährt werden, auch in der schlimmsten Zeit, wo die wenigen Lebensmittel nur im Umkreis langer Fußmärsche zusammengesucht werden konnten. Und dann sollten sie alle eine ordentliche Ausbildung erhalten, zuerst in der Schule, dann im Beruf. So war Euer langes gemeinsames Leben fast immer geprägt aus der Liebe und Sorge für andere. Zuerst für die Kinder, und als diese groß und die Söhne wieder gesund aus dem Krieg heimgekommen waren, für die Enkel und später die Urenkel.

Heute nun könnt Ihr stolz und zufrieden auf Euer Lebenswerk zurückschauen. Ihr habt Euch nicht umsonst geplagt. Die Familie ist gewachsen, und dennoch ist jeder für den anderen da. Die Kinder sind längst alle gut versorgt und steuern selbst schon auf den Ruhestand zu. Auch um die Enkel und Urenkel braucht Ihr Euch keine Sorgen mehr zu machen, alle stehen sie schon fest auf eigenen Füßen. Euer Haus ist gut bestellt.

Genießt Euren wohlverdienten Lebensabend. Bewahrt Euch weiterhin Humor und Eure körperliche und geistige Frische. Bleibt uns noch lange als der Mittelpunkt einer großen Familie erhalten, die Eurer Liebe und Güte so unendlich viel zu verdanken hat.

Wir alle wollen jetzt unsere Gläser erheben und auf das Wohl unseres geliebten Jubelpaares anstoßen.

Liebe Mutter, lieber Vater, wir alle wünschen Euch von Herzen noch viele glückliche Jahre.

Der Vertreter einer Gemeinde spricht

Verehrtes Jubelpaar,
liebe Gäste,
wenn der »Pfarrhüsler« und seine Paula diamantene Hochzeit feiern, dürfen auch die Mitbürger im großen Kreis der Gratulanten nicht fehlen. Was heute morgen unser Musikverein mit dem Ständchen für unsere diamantenen Hochzeiter so nett zum Ausdruck gebracht haben, darf ich jetzt noch einmal für die gesamte Einwohnerschaft sagen: Unserem Jubelpaar Paula und Egon Albert, den meisten besser bekannt als der »Pfarrhüsler und seine Frau«, gelten unsere herzlichen Glückwünsche. Blumen und Ehrengabe, die ich heute hier im Auftrag des Gemeindevorstandes für die ganze Einwohnerschaft überbringen darf, sollen unserem allseits geschätzten und beliebten Paar zeigen, daß alle an diesem Ehrentag von Herzen mit Euch fühlen und Euch noch viele schöne gemeinsame Jahre wünschen.

Viele, die in dieser Ortschaft mit Euch aufgewachsen sind, leben längst nicht mehr. Und so gehört Ihr noch zu den wenigen, die fast ein Jahrhundert Geschichte unserer Gemeinde und ihrer Menschen lebendig verkörpern, die aus eigenem Erleben noch Zeugnis ablegen können vom wechselvollen Auf und Ab, von Höhen und Tiefen, Glück und Leid.

Euch beiden ist nichts in den Schoß gefallen. Ihr habt hart arbeiten müssen, um Eure Kinder groß zu kriegen und ihnen eine gute Ausbildung zu vermitteln. Und trotz dieser schwierigen Aufgabe in der eigenen Familie wart Ihr immer auch für die Gemeinschaft da. Egon war jahrelang aktives Mitglied in unserer Freiwilligen Feuerwehr, die ihn ja auch deshalb kürzlich mit der diamantenen Ehrennadel für siebzigjährige Mitgliedschaft auszeichnen konnte, verbunden mit dem Ehrenbrief des Kreises. Paula hatte zwar eigentlich damit genug zu tun, den Mann, die 4 Kinder zu versorgen und die alten Eltern zu pflegen. Und trotzdem fand sie immer noch die Zeit, für das Rote Kreuz tätig zu sein.

Heute könnt Ihr zufrieden auf ein langes gemeinsames Leben zurückschauen im Kreise einer großen Familie, vieler Freunde und Nachbarn. Die große Schar der Gratulanten soll Euch zeigen, daß keiner heute fehlt, der Euch nicht Dank sagen müßte für Rat, Tat und Hilfe. Euer langes Leben war geprägt von der Sorge für andere. Sie alle werden Euch dies niemals vergelten können. Aber sie wünschen Euch von Herzen noch einen langen und besinnlichen Lebensabend zu zweit. Und diesem Wunsche schließt sich der Gemeindevorstand, schließen sich alle Mitbürger gerne an. Unser Pfarrhüsler und seine Paula sollen hochleben, dreimal hoch!

Eine Auswahl aus dem Verlagsprogramm

RAT UND WISSEN

Bewerbung/Karriere

ewerbungsstrategien
027-3, von Dr. W. Reichel,
28 S., kart.
M 14,90

egale Bewerbungstricks
0325-2, von V. S. Rottmann,
6 S., kart.
M 12,90

ebenslauf und Bewerbung
0007-5, von H. Friedrich,
12 S., kart.
M 9,90

orstellungsgespräche
0012-1, von H. Friedrich,
44 S., kart.
M 11,90

erufsstart für Hochschul-bsolventen
482-1, von Dr. W. Reichel,
44 S., kart.
M 19,90

esttrainer Einstellungstests
999-4, von Dr. W. Reichel,
36 S., geb.
M 15,–
mitierter Sonderpreis)

rbeitszeugnisse
444-9, von A. Nasemann,
36 S., kart.
M 16,90

echtsratgeber für Arbeit-ehmer
0258-2, von U. Teschke-ährle, 160 S., kart.
M 16,90

Selbständigkeit und freie Mitarbeit
1891-6, von T. Hammer, Dr. W. Kiefl, 144 S., kart.
DM 19,90

Erfolgreiche Existenz-gründung
60285-X, von N. Rentrop, 192 S., kart.
DM 19,90

FALKEN Reihe: FALKEN & PITMAN MANAGEMENT
Ausstattung: zwischen 184 S. und 248 S., Broschur
Preis: **DM 39,90**
4972-2 Die ersten 100 Tage als Chef
4973-0 Erfolgreiches Zeitmanagement
4976-5 Richtig delegieren
4971-4 Erfolgreiche Verhandlungstaktiken

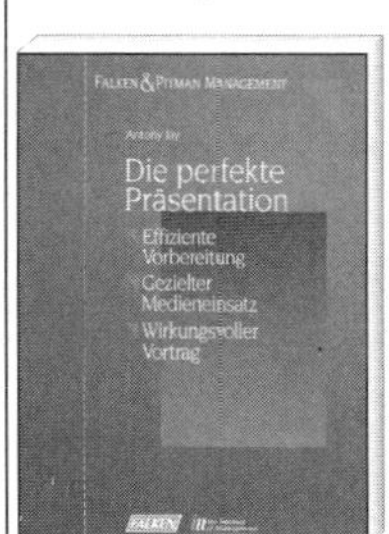

4975-7 Die perfekte Präsentation
4974-9 Meetings erfolgreich steuern
7331-3 Marketing – eine Einführung
7329-1 Erfolgreich im Management
7330-5 Basiswissen für Führungskräfte
7328-3 Mitarbeitermotivation durch Empowerment

Schule/Beruf/ Lernhilfen

FALKEN Reihe: Schülerhilfe
Ausstattung: zwischen 64 S. und 172 S., kartoniert
Preis: zwischen **DM 14,90** und **DM 24,90**

1834-7 Die neue deutsche Rechtschreibung
1625-5 Deutsche Grammatik I
1710-3 Deutsche Grammatik 2
1571-2 Diktate und Ergänzungsübungen
1626-3 Aufsatz
1623-9 Bruchrechnen
1569-0 Geometrie
1709-X Prozent- und Zinsrechnung
1570-4 Gleichungen und Ungleichungen
1888-6 Wurzeln und Potenzen
1624-7 English Pronouns
1574-7 English Tenses
1784-7 If-Clauses & Co.

Handbuch Mathematik
4964-1, von W. Scholl, R. Drews, 848 S., geb.
DM 69,90

Gedächtnistraining mit Eselsbrücken
60060-1, von W. Ettig, 96 S., kart.
DM 12,90

Erfolgreich im Beruf mit NLP
60288-4, von K. Grochowiak, S. Haag, 104 S., kart.
DM 12,90

Buchführung leicht gefaßt
60091-1, von H. R. Pohl, 104 S., kart.
DM 12,90

Schreiben lernen mit Schreibmaschine und PC
60055-5, von O. Fonfara, 112 S., kart.
DM 9,90

Kostenrechnung leicht gemacht
4826-2, von D. Machenheimer, 240 S., geb.
DM 39,90

Recht/Wirtschaft/ Steuern

Was kostet mein Recht?
60234-5, von J. Mosler, 104 S., kart.
DM 12,90

Recht für Mieter
1932-7, von M. Gaida, 304 S., kart.
DM 29,90

Der FALKEN Bauherren-Ratgeber
4888-2, von W. Jung, B. W. Klöckner, 352 S., kart.
DM 39,90

Ihr Recht als Vermieter
60243-4, von R. Richter, P. J. Schneider, A. Pollert, 208 S., kart.
DM 16,90

BAföG
60017-2, von A. Mengeringhausen, 296 S., kart.
DM 19,90

Eheverträge
60037-7, von T. Münster, 226 S., kart.
DM 19,90

Erziehungsgeld, Mutterschutz, Erziehungsurlaub
60014-8, von J. Grönert, 192 S., kart.
DM 19,90

Scheidung und Unterhalt
60015-6, von T. Drewes, 220 S., kart.
DM 19,90

Wie hoch wird meine Rente?
60209-9, von K. Möcks, A. Schmitt, 160 S., kart.
DM 16,90

Erbschaftsteuer aktuell
60324-4, von W. Ludwig, 128 S., kart.
DM 14,90

Testament und Erbschaft
4139-X, von T. Drewes, R. Hollender, 296 S., geb.
DM 36,–

Keine Angst vor dem Finanzamt
60064-4, von H. Vogt, 132 S., kart.
DM 16,90

Korrespondenz und Rhetorik

Geschäftliche Briefe
60001-6, von G. Briese-Neumann, 120 S., kart.
DM 12,90

Briefe und Reden für den Trauerfall
1789-8, von U. Wetter, 112 S., kart.
DM 16,90

Modernes Redetraining
1575-5, von Prof. Dr. R. Brehler, 120 S., kart.
DM 16,90

Körpersprache
60096-2, von H. Rückle, 96 S., kart.
DM 12,90

Reden für Familienfeiern
60281-7, von G. Kurz, 112 S., kart.
DM 12,90

Lebensstil und Umgangsformen

Farbberatung für die Wohnung
4743-6, von G. Watermann, 128 S., geb.
DM 49,90

Kreative Wohnideen
4889-0, von T. Eichhorn, 128 S., geb.
DM 39,90

388 Frisuren
4969-2, von M. Rüdiger, R. v. Samson, 128 S., geb.
DM 29,90

Krawatten
7319-4, von F. Chaille, 180 S., geb., mit Schutzumschlag
DM 89,90

Tücher und Schals
1898-3, von E. Weber-Lorkowski, 48 S., kart.
DM 14,90

Moderne Umgangsformen
4814-9, von I. Wolff, 256 S., geb.
DM 39,90

Der gute Ton im Privatleben
60097-0, von R. Bartels, 104 S., kart.
DM 12,90

Feste feiern

Wir heiraten
4863-7, von S. Lippe, 160 S., geb.
DM 39,90

Hochzeitsfeste mitgestalten
1790-1, von A. Wilke, B. Haß 104 S., kart.
DM 19,90

Tischdekorationen für die Hochzeit
1825-8, von H. Grob, A. Henseler u.a., 64 S., kart.
DM 19,90

Blumenschmuck für das Brautpaar
4881-5, von H. Grob, A. Henseler u.a., 80 S., geb.
DM 29,90

Neue Hochzeitsreden
60158-6, von S. Harland 112 S., kart.
DM 12,90

Feste feiern
4825-4, von C. Kast, 128 S., geb.
DM 39,90

Die neue Glückwunschfibel
60031-8, von R. Christian-Hildebrandt, 106 S., kart.
DM 9,90

Astrologie/Esoterik

Kinderhoroskop
60242-6, von W. Noé, 152 S., kart.
DM 14,90

Liebes-Horoskop
60297-3, von W. Noé, 128 S., kart.
DM 12,90

Chinesisches Horoskop
60006-7, von G. Haddenbach, 86 S., kart.
DM 9,90

Das Indianische Horosko
60294-9, von W. Noé, 128 S., kart.
DM 14,90

Tarot für alle Decks
60235-3, von B. A. Mertz, 144 S., kart.
DM 14,90

I Ging
60253-1, von R. Sorrell, A. M. Sorrell, 224 S., kart.
DM 19,90

Reiki
60247-7, von B. Glaser. U. Vogt, 128 S., kart.
DM 14,90

Traumdeutung
60045-8, von G. Haddenbach, 172 S., kart.
DM 12,90

Geheimlehren
60236-1, von N. Drury, G. Tillet, 144 S., kart.
DM 16,90

UFOs über Deutschland
60319-8, von M. Hesema 208 S., kart.
DM 19,90

ISBN-Bestandteil: 3-8068- / bei Buchnummern, die mit der Ziffer 6 beginnen, lautet der ISBN-Bestandteil: 3-6

Auto/Führerschein

er neue Verwarn- und
ußgeldkatalog
0292-2, von F. Littek,
26 S., kart.
M 12,90

er Test-Knacker bei
ihrerscheinverlust
262-4, von T. Rieh,
20 S., kart.
M 19,90

rüfungsfragen und
rüfungsbogen
r den Führerschein Kl. 3
490-2, 104 S., kart.
M 19,90

Trennkost

ennkost für 1 Person
351-3, von U. Summ,
2 S., geb.
M 29,90

ennkost leichtgemacht
r Berufstätige
390-4, von U. Summ,
28 S., geb.
M 29,90

as große Buch der
ennkost
498-4, von U. Summ,
28 S., geb.
M 29,90

Das Beste aus Ursula Summs Trennkost-Küche
4985-4, von U. Summ,
160 S., geb.
DM 29,90

Trennkost aus ärztlicher Sicht
60259-0, von Dr. med.
T.-M. Heintze, 84 S., kart.
DM 12,90

Trennkost-Tabelle
1871-1, von U. Summ,
80 S., Flexcover
DM 14,90

Länderküche

Italienische Küche
4830-0, von M. Kaltenbach,
R. Simeone, 224 S., geb.,
mit Schutzumschlag
DM 49,90

Chinesische Küche
7304-6, von H. Fu-Lung,
224 S., geb., mit Schutzumschlag
DM 49,90

ErlebnisKüche: Amerikanische Küche
7308-9, von C. Stevenson Jr.,
P. Niebergall, 128 S., geb.,
mit Schutzumschlag
DM 39,90

ErlebnisKüche: Thailand
4945-5, von B. Aepli,
128 S., geb., mit Schutzumschlag
DM 34,90

ErlebnisKüche: Englische Landhausküche
4981-1, von D. Watkins,
J. J. Watkins, 128 S., geb.,
mit Schutzumschlag
DM 39,90

Kochen

Unsere Kochschule
4959-5, von M. Kaltenbach,
F. W. Ehlert, 306 S., geb.
DM 25,– (limitierter Sonderpreis)

FALKEN Reihe: ErlebnisKüche
Ausstattung: 128 S., geb.,
mit Schutzumschlag
Preis: **DM 34,90**
4944-7 Nudeln
4946-3 Raclette und heißer Stein
7315-1 Fondues
4984-6 Aufläufe und Gratins
4982-X Salate

Johann Lafer kocht – Neue Rezepte
7306-2, von J. Lafer,
160 S., geb.
DM 39,90

Johann Lafer kocht mit Kräutern und Gewürzen
7302-X, von J. Lafer,
128 S., geb.
DM 29,90

Preiswert kochen
60025-3, von E. Fuhrmann,
136 S., kart.
DM 12,90

Rezepte mit Joghurt, Kefir & Co.
60068-7, von G. Volz,
104 S., kart.
DM 12,90

Iß und trink und liebe
7303-8, von K. Ottenbach,
72 S., geb., mit Schutzumschlag
DM 49,90

Vegetarische Gerichte aus aller Welt
4977-3, von A. Ilies, 224 S.,
geb., mit Schutzumschlag
DM 49,90

Vollwertküche für Genießer
4815-7, von Prof. Dr. C.
Leitzmann, H. Million,
256 S., geb.
DM 39,90

Das Bioland-Kochbuch
4979-X, von S. v. Küster,
128 S., geb.
DM 29,90

Getränke

FALKEN Mixbuch
4733-9, Hrsg.: P. Bohrmann,
560 S., geb.
DM 39,90

Weinlexikon
4942-0, von Dr. H. Ambrosi,
384 S., geb.
DM 39,90

Mein Hobby Wein
7309-7, von R. Kriesi,
128 S., geb.
DM 34,90

Heimwerken/Technik

FALKEN Reihe: Do it yourself
Ausstattung: zwischen 80 S., und 104 S., kart.
Preis: **DM 19,90**
1665-4 Reparaturen in Haus und Garten
1159-8 Betonieren, Mauern, Fliesen
1857-6 Bäder ausbauen und modernisieren
1118-0 Sanitärinstallationen
1799-5 Fliesen liegen
1855-X Tapezieren und Streichen
1841-X Dachausbau
1308-6 Alarmanlagen
1859-2 Elektroarbeiten
1716-2 Sicherheit an der Haustür
1717-0 Umweltbelastungen

14983-8 **Heimwerken**
von T. Pochert, 416 S., geb.
DM 49,90

4997-8 **Kreatives Heimwerken**
v. H.-W. Bastian, 256 S., geb.
DM 49,90

Foto/Video

Moderne Fotopraxis
7310-0, von G. Koshofer, Prof. H. Wedewardt, 240 S., geb.
DM 49,90

Videofilmen wie ein Profi
4506-9, von T. Pehle, 232 S., geb.
DM 45,–

Zeichnen und Malen

Kreativ zeichnen
4688-X, von B. Bagnall, 176 S., geb.
DM 39,90

Aquarellmalerei
4529-8, von Prof. W. Wrisch, 136 S., geb.
DM 39,90

Kalligraphie
1044-3, von I. Schade, 80 S., kart.
DM 19,90

Airbrush
1133-4, von C. M. Mette, 80 S., kart.
DM 19,90

Seidenmalerei

Lexikon der Seidenmalerei
4737-1, von K. Huber, 208 S., geb.
DM 49,90

Einführung in die Seidenmalerei
0611-X, von R. Henge, 88 S., kart.
DM 19,90

Malen auf Seide
4941-2, von C. Köhl, Shahida
112 S., geb.
DM 29,90

Aquarellieren auf Seide
4842-4, von Shahida, 112 S., geb.
DM 39,90

Verschiedene Techniken

Alles aus Wellpappe
1430-9, von I. Kasperek, 64 S., kart.
DM 19,90

Geschenke individuell verpacken
1113-X, von P. Jansen, 80 S., kart.
DM 19,90

Landhausstil
7332-1, 128 S., geb.
DM 34,90

Artischockentechnik
1682-4, von M. von Perbandt, K. Teuber, 64 S., kart.
DM 19,90

Patchwork und Quilt
4803-3, von I. Kahmann u.a., 112 S., geb.
DM 29,90

Nähen
4709-6, von S. von Rudzinski, 176 S., geb.
DM 39,90

Perfekt Stricken
4821-1, von H. Jaacks, 224 S., geb.
DM 39,90

Töpfern ohne Scheibe
0896-1, von A. Riedinger, 80 S., kart.
DM 19,90

Dekorieren und Gestalten mit Naturmaterialien
4748-7, von E. Dommershausen u.a., 128 S., geb.
DM 29,90

Stempeln
1823-1, von E. Metz, P. Läpple, 80 S., kart.
DM 19,90

Freundschaftsbänder
1720-0, von A. Neeb, E. Walch u.a., 64 S., kart.
DM 19,90

Bücher, Alben, Schachteln selbermachen
4772-X, von P. Baumgartne
96 S., geb.
DM 29,90

Geldgeschenke und Geschenkgutscheine
1684-0, von S. Haenitsch-Weiß, 64 S., kart.
DM 19,90

Einladungs-, Tisch- und Menükarten
1302-7, von S. Haenitsch-Weiß, 80 S., kart.
DM 19,90

Spiele/Denksport

Bridge für Einsteiger
1691-3, von B. Ludewig, 104 S., kart.
DM 16,90

Doppelkopf
1828-2, von U. Vohland, 96 S., kart.
DM 16,90

Kartenspiele
7333-X, von M. Mala, 176 S., geb.
DM 29,90

Kartenspiele für eine Perso
1689-1, von M. Fuchs, R. Luwisch, 80 S., kart.
DM 16,90

Poker
60225-6, von C. D. Grupp
112 S., kart.
DM 12,90

Backgammon für Einsteig
1690-5, von M. B. Fischer, E. Heyken, 104 S., kart.
DM 16,90

\romatherapie
131-8, von K. Schutt,
)6 S., kart.
)M 14,90

'ositives Denken und ntspannungstechniken
0305-8, von Dr. med.
:. Schenk, 112 S., kart.
M 12,90

Sport

ALKEN Reihe: Ratgeber für ?eiter
.usstattung: zwischen 128 S.
nd 176 S., geb.
reis: zwischen **DM 29,90**
nd **DM 39,90**
797-5 Ich will reiten lernen
845-9 Junge Pferde selbst
ısbilden
792-4 Reiten im Gelände

371-8 Reiten für Einsteiger
716-9 Reiten auf Gangpferden
949-8 Wie verstehe ich
ıein Pferd?

ALKEN Reihe: Golf Praxis
olf für Einsteiger
uch: 4798-3, von O. Heuler,
60 S., geb.
M 36,–
ideo: 6209-5, VHS,
ı. 45 Min.
M 49,95*

Der Schwung
Buch: 4784-3, von O. Heuler,
128 S., geb.
DM 29,90
Video: 6180-3, VHS,
ca. 45 Min.
DM 49,95*

Das kurze Spiel
Buch: 4799-1, von O. Heuler,
128 S., geb.
DM 29,90
Video: 6181-1, VHS,
ca. 45 Min.
DM 49,95*

Fehler & Korrekturen
Buch: 4872-6, von O. Heuler,
144 S., geb.
DM 39,90
Video: 6182-X, VHS,
ca. 45 Min.
DM 49,95*

Golf. Die frühen Jahre
7339-9, von D. Concannon,
144 S., geb.,
mit Schutzumschlag
DM 69,90

FALKEN Reihe: Sportregeln
Ausstattung: zwischen 96 S.
und 128 S., kart.
Preis: zwischen **DM 16,90**
und **DM 24,90**
1676-X Basketball
1674-3 Pool-Billard
1675-1 Fußball
1754-5 Eishockey
1755-3 Tennis
1807-X Badminton

Tauchen
4955-2, von S. Müßig,
128 S., geb.
DM 39,90

Tennistraining mit System
4878-5, von A. Ferrauti,
P. Maier, K. Weber,
192 S., geb.
DM 49,90

Billard
1313-2, von Dr. H. Stingl,
112 S., kart.
DM 29,90

Aggressive In-Line-Skating
1836-3, Hrsg.: U. Sauter,
112 S., kart.
DM 24,90

Freeclimbing
1251-9, von T. Strobl,
160 S., kart.
DM 29,80

Snowboarding
1860-6, von A. Hebbel-
Seeger, ca. 112 S., kart.
ca. DM 24,90

Angeln
60080-6, von E. Bondick,
80 S., kart.
DM 12,90

Tanzen
4948-X, von P. Wolff,
192 S., geb.
DM 49,90

Fitness/Gymnastik

Fitness-Boxen
1671-9, von F. Kürzel,
P. Wastl, 96 S., kart.
DM 24,90

Fit mit Ayurveda
60260-4, von J. Douillard,
208 S., kart.
DM 19,90

Stretching
60085-7, von E. Kleila,
64 S., kart.
DM 9,90

Bodybuilding für Frauen
1510-0, von E. Wanghofer,
88 S., kart.
DM 12,90

Muskeltraining zu Hause
60100-4, von A. Balk,
128 S., kart.
DM 14,90

Kampfsport

Aikido
0537-7, von R. Brand,
280 S., kart.
DM 24,90

Judo
0305-6, von M. Ohgo,
206 S., kart.
DM 19,90

Karate Grundlagen
1863-0, von E. Karamitsos,
B. Pejcic, 144 S., kart.
DM 29,90

Shaolin-Kempo Kung-Fu
1864-9, von R. Czerni,
K. Konrad, 246 S., kart.
DM 29,90

25 Shotokan-Katas
0859-7, von A. Pflüger,
88 S., kart.
DM 19,90

Bruce Lee – Sein Leben und Kampf
0392-7, v. L. Lee, 136 S., kart.
DM 24,90

Bruce Lees Kampfstil 1
0473-7, von B. Lee,
M. Uyehara, 112 S., kart.
DM 14,90

Bruce Lees Kampfstil 2
0486-9, von B. Lee,
M. Uyehara, 128 S., kart.
DM 12,90

Dynamische Tritte
1683-2, von G. Chung,
C. Rothrock, 128 S., kart.
DM 19,90

Taekwondo
0347-1, von K. Gil, 152 S., kart.
DM 19,90

Ninja
1161-X, von A. Adams,
192 S., kart.
DM 19,90

ESSEN UND TRINKEN · MENSCH UND GESUNDHEIT

Wein richtig genießen lernen
4809-2, von H. Ambrosi, I. Swoboda, 128 S., geb.
DM 24,90

Was Weinfreunde wissen wollen
7342-9, von Prof. Dr. K. Röder u.a., 192 S., geb.
DM 29,90

Diät/Diabetiker

FALKEN Reihe: Diät und Genuss
Ausstattung: 112 S., kartoniert
Preis: **DM 24,90**
1794-4 Herz- und Kreislauferkrankungen
1793-6 Diabetes mellitus Typ II
1850-9 Gicht
DM 19,90

Gerichte für Diabetiker
60033-4, von M. Oehlrich, 108 S., kart.
DM 12,90

Kochen und Backen bei Nahrungsmittelallergien
4745-2, von Dr. med. C. Thiel, A. Ilies, 128 S., geb.
DM 39,90

Cholesterinarm kochen und genießen
4442-9, von R. Unsorg, 168 S., geb.
DM 49,90

Fettarm kochen – Abnehmen mit Genuß
4866-1, von G. Hölz, H. Million, 128 S., geb.
DM 39,90

Besser leben durch Fasten
60065-2, von G. Leibold, 92 S., kart.
DM 12,90

Mutter und Kind

4761-4 **Mein Kind ist krank, so hilft die Natur**
von Dr. med. H. Wachtl, 160 S., geb.
DM 39,90

7316-X **Wenn Kinder krank werden**
von B. Nees-Delaval, 240 S., geb.
DM 39,90

Wir werden Eltern
4853-X, von B. Nees-Delaval, 376 S., geb.
DM 39,90

Das erste Jahr mit dem Baby
4884-X, von Dr. med. M. Weber, 144 S., geb.
DM 39,90

Die schönsten Vornamen
4755-X, von Dr. D. Voorgang, 200 S., geb.
DM 19,90

Die Kunst des Stillens
60084-9, von Prof. Dr. med. E. Schmidt, S. Brunn, 110 S., kart.
DM 12,90

Bachblüten für mein Kind
1773-1, von B. und K. Jacoby, 88 S., kart.
DM 19,90

Mensch und Gesundheit

Heilpflanzen
4954-4, von A. Eckert, Dr. G. Eckert, 176 S., geb.
DM 39,90

Blütentherapie nach Dr. Bach
60019-9, von I. Wenzel, 96 S., kart.
DM 9,90

Entschlackungs- und Entgiftungskuren
60306-6, von Dr. med. U. Böhmig, 118 S., kart.
DM 14,90

Traditionelle Chinesische Medizin
60312-0, von Dr. med. C. Kunkel, 118 S., kart.
DM 14,90

Teebaumöl
1878-9, von S. Poth, Prof. Dr. J. Reichling, 96 S., kart.
DM 19,90

Chinesische Fünf-Elemente-Ernährung
68005-2, von Dr. med. C. Kunkel, 144 S., kart.
DM 29,90

Osteoporose-Gymnastik
1736-7, von M. Schmidt, 96 S., kart.
DM 24,90

Allergien
60057-1, von G. Leibold, 100 S., kart.
DM 12,90

Neurodermitis
1649-2, von Prof. Dr. med. phil. S. Borelli, Prof. Dr. med. J. Rakoski, 136 S., kart.
DM 24,90

Rheuma
60040-7, von Prof. Dr. med. K. Gräfenstein, 108 S., kart.
DM 14,90

Schuppenflechte
1467-8, von Prof. Dr. med. phil. S. Borelli, Prof. Dr. med. R. Engst, 102 S., kart.
DM 19,90

Gymnastik für die Halswirbelsäule
1610-7, von J. Engelmann, 96 S., kart.
DM 19,90

Augentraining
1616-6, von M. Gollub, Hrsg.: K. Haak, 96 S., kart.
DM 24,90

Heilen und Vorbeugen mit Wein
60311-2, von Dr. med. F.-A. Graf von Ingelheim, I. Swoboda, 96 S., kart.
DM 14,90

Massage
60038-5, von K. Schutt, 78 S., kart.
DM 12,90

Akupressur
1231-4, von F. T. Lie, 192 S., kart.
DM 29,90

Fußsohlenmassage
60036-9, von G. Leibold, 96 S., kart.
DM 11,90

Yoga
60093-8, von U. Thomsen, 104 S., kart.
DM 12,90

Qigong
1316-7, von L. U. Schoefer, 96 S., kart.
DM 19,90

Streß bewältigen durch Entspannung
60070-9, von Dr. med. Ch. Schenk, 122 S., kart.
DM 14,90

ISBN-Bestandteil: 3-8068- / bei Buchnummern, die mit der Ziffer 6 beginnen, lautet der ISBN-Bestandteil: 3-63

Das Skatspiel
60151-9, von K. Lehnhoff,
112 S., kart.
DM 12,90

Schach für Einsteiger
1724-3, von E. Heyken,
120 S., kart.
DM 19,90

Spielideen für Partys
1725-1, von E. und
H. Bücken, 88 S., kart.
DM 16,90

111 Spielideen, das Gedächtnis zu trainieren
1829-0, von T. Werneck,
96 S., kart.
DM 16,90

Knobeleien und Denksportaufgaben
0099-7, von K. Rechberger,
100 S., kart.
DM 12,90

Ratgeber für Kinder

FALKEN Reihe: Ratgeber für Kinder
Ausstattung: zwischen 48 S., und 64 S., geb.
Preis: **DM 19,90**
897-1 Mein Mutmachbuch
895-5 Mein Umzugsbuch
898-X Mein Krankenhausbuch
899-8 Mein Buch vom Körper
991-9 Mein Kochbuch
990-0 Mein Ballettbuch
900-5 Mein Fußballbuch
938-2 Mein Fahrradbuch
940-4 Welches Tier passt denn zu mir?
896-3 Mein erstes Pferdebuch

337-2 Mein erstes Reitbuch
394-7 Mein Katzenbuch
939-0 Mein Hundebuch
993-5 Mein Hamsterbuch
7338-0 Mein Meerschweinchenbuch
4992-7 Wenn meine Eltern sich trennen
7336-4 Mein Freundschaftsbuch

Kinderbeschäftigung

Lauter tolle Sachen, die Kinder gerne machen
4731-2, Hrsg.: U. Barff,
352 S., geb.
DM 39,90

Das neue Bastelbuch für Kinder
4893-9, von U. Barff,
I. Burkhardt, J. Maier,
208 S., geb.
DM 39,90

Basteln mit Pappe und Papier
4843-2, Hrsg.: U. Barff,
112 S., geb.
DM 29,90

Schminken und Verkleiden
4773-8, von W. Stelzenhammer, Hrsg.: U. Barff,
128 S., geb.
DM 29,90

Zauberbuch
7340-2, von U. Schenk,
M. Sondermeyer, 112 S.,
geb.
DM 29,90

Spielen mit einfachen Sachen
4994-3, von A.-G. Patz,
D. Patz, 112 S., geb.
DM 29,90

Spiele für Kleinkinder
60022-9, von D. Kellermann,
104 S., kart.
DM 12,90

Kinderleichte Kochrezepte für kleine Leute
4850-5, von K. Müller-Urban,
128 S., geb.
DM 19,90

Garten

FALKEN Gartenjahr
4730-4, von K. Greiner,
A. Weber, P. Michaeli-Achmühle, 320 S., geb.
DM 39,90

100 englische Gärten
4885-8, von P. Taylor,
216 S., geb., mit Schutzumschlag
DM 79,–

Bauerngärten
4786-X, von U. Krüger,
128 S., geb.
DM 39,90

Gartengestaltung mit Phantasie
7318-6, von K. Greiner,
Dr. A. Weber, 208 S., geb.,
mit Schutzumschlag
DM 79,90

Naturgärten
4967-6, von J. Korz,
240 S., geb.
DM 69,90

Blumen, Stauden, Ziergehölze
4753-3, von K. Greiner,
Dr. A. Weber, 384 S., geb.
DM 69,90

FALKEN Lexikon Gartenteich
4778-9, von I. Polaschek,
A. Fischer-Nagel, 216 S., geb.
DM 49,90

Grüner wohnen
4886-6, von U. Krüger,
144 S., geb.,
mit Schutzumschlag
DM 49,90

Tiere

Wellensittiche
1813-4 von H. Bielfeld
96 S., kart.
DM 16,90

Alles über Papageien
1221-7, von H. Bielfeld,
80 S., kart.
DM 14,90

Alles über Kanarienvögel
0901-1, von H. Schnoor,
64 S., kart.
DM 14,90

Katzenkrankheiten
1733-2, von Dr. med. vet.
R. Spangenberg, 112 S., kart.
DM 16,90

Richtige Katzenernährung
1869-X, von H. Wenzel,
96 S., kart.
DM 16,90

Zwerg- und Goldhamster
1734-0, von M. Mettler,
96 S., kart.
DM 16,90

Meerschweinchen
1812-6, von M. Mettler,
96 S., kart.
DM 16,90

Das Süßwasseraquarium
4752-5, von Dr. med. vet.
J. Etscheidt, 224 S., geb.
DM 49,90

Terrarium
7313-5, von W. Ullrich,
128 S., geb.
DM 29,90

FALKEN Reihe: Hundebibliothek
Ausstattung: zwischen 80 S. und 112 S., kartoniert
Preis: zwischen **DM 16,90** und **DM 19,90**
1604-2 Hundekrankheiten erkennen und behandeln

1757-X Dalmatiner
1756-1 Dackel
1677-8 Labrador, Retriever
1643-3 Golden Retriever
1644-1 Neufundländer und Landseer
1642-5 Yorkshire Terrier
1512-7 Streuner und Tierheimhunde
1596-8 Boxer
1514-3 West Highland White Terrier
1513-5 Schäferhunde
1808-8 Setter
1866-5 Siberian Husky
1809-6 Hovawart
1811-8 Foxterrier
1868-X Richtige Hundeernährung
1810-X Rechtsratgeber für Hundehalter

Die beliebtesten Hundenamen
1681-6, von H.-J. Schließke, 96 S., kart.
DM 9,90

Das neue Hundebuch
60079-2, von W. Busak, 124 S., kart.
DM 14,90

Erfolgreiche Hundeerziehung
4808-4, von U. Birr, 144 S., geb.
DM 29,90

Reisevideo

FALKEN Reihe: Reisevideos
Ausstattung: VHS, ca. 60 Min. Laufzeit, in Farbe
Preis: **DM 39,95***

FALKEN hat Reisevideos zu über 70 Urlaubszielen in aller Welt von **A** bis **Z**

6249-4 Amsterdam

6228-1 Florida

6206-0 Zypern

ISBN-Bestandteil: 3-8068- / bei Buchnummern, die mit der Ziffer 6 beginnen, lautet der ISBN-Bestandteil: 3-63

BESTELLSCHEIN

Hiermit bestelle ich aus dem Programm der Verlagsgruppe FALKEN, Postfach 11 20, D-65521 Niedernhausen, **durch die Buchhandlung:**

Falls durch besondere Umstände Preisänderungen notwendig werden, erfolgt Auftragserledigung zu dem bei der Lieferung gültigen Preis.
(Soweit gesetzlich nicht anders vorgesehen, ist der Erfüllungsort und Gerichtsstand der jeweilige Sitz der Lieferfirma).

Anzahl	Bestell-Nr.:	Titel	Einzelpreis	Gesamtpreis
			Summe	

zzgl. Porto- und Versandkosten

Name: Straße:

Ort:

Datum: Unterschrift:
(Bei Jugendlichen der gesetzliche Vertreter)

FTB-V V H '9

Werbemittel-Nr. 99142

FALKEN

Der Spezialist für nützliche Bücher und Videos